CHEWPRIKA

KRISTR...

COTBOOK

U0016063

HISTORY

HISTORY

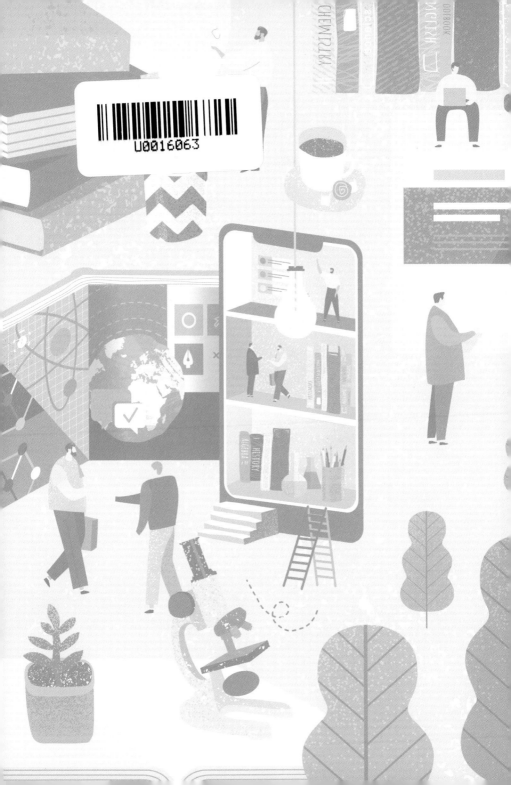

CHEMISTRY II
science
ALGEBRA
HISTORY

至死不渝的高速閱讀法

把知識化為收入的秘密

上岡正明——著
許郁文——譯

死ぬほど読めて忘れない高速読書

讓原本只能

一個月讀一~二本書的人，

能在相同的閱讀時間之內，

輕鬆讀完十二~十五本書，

還能把內容烙印在腦海裡！

爲什麼高速閱讀法能讓內容進入長期記憶呢？

這個閱讀法，具有經腦科學驗證的

「分散效果」

「情節記憶」

「Output」

三大驚人效果。

傳統的速讀宣稱可在三分鐘讀完一本書，
但這種讓眼球快速掃描文字，
像是在掃描照片的讀書方式
根本得不到科學支持。

高速閱讀法，
是在三十分鐘之內讀同一本書三次的方法。
雖然速度比不上速讀，但更容易記住書中的內容。
以速讀的速度讀完，卻記不住書的內容，那也是毫無意義。
利用高速閱讀法一個月讀十五本書，然後又能記得住內容，
不是讀得更有充實感嗎？

高速閱讀法的厲害之處還不只這些！

「高速閱讀法的五大優點」

1 可高速閱讀

「三分鐘速讀」只能讓你覺得「有讀過」，但速度慢一點的高速閱讀法卻能讓你吸收書裡的內容。

2 不會忘記內容

高速閱讀法可將書中的知識轉換成腦中的長期記憶。這是經過腦科學佐證的方法，與個人的特殊能力或是擅不擅長讀書一點關係都沒有，誰都能利用高速閱讀法學會過目不忘的本領。

3 可在工作或生活之中 Output（輸出）知識

高速閱讀法的目的不僅僅是「Input（輸入）」，除了記住書中的知識外，還要能將這些知識運用在工作或生活中。

生活在資訊爆炸時代的現代人，能透過高速閱讀法汲取各方面的知識，擴充自己的談話內容。

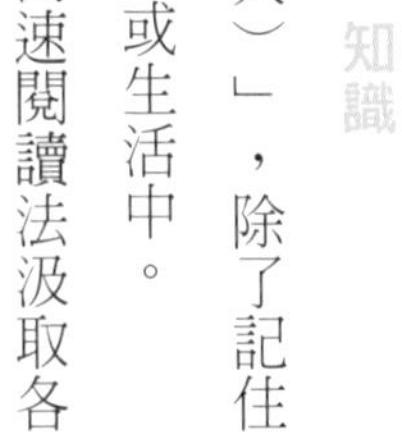

4 不需要上課，立刻就能實踐

高速閱讀法與舊有的速讀不同，不需要上課，也不需要訓練，可從閱讀本書的當天開始實踐。

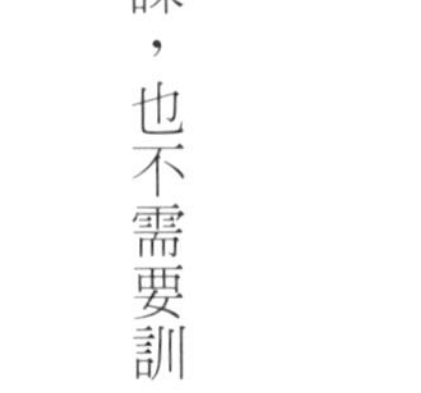

5 人生越來越豐富

有資料指出，閱讀量與年收入呈正比。讀書除了有助於收入增加，也能讓人生更多彩多姿，至於爲什麼會對人生帶來正面效果，就留待後面介紹。

活用腦科學的分散效果！

比起花二小時精讀一本書，三十分鐘讀三次，更能記住書中內容！

話不多說，立刻介紹實踐高速閱讀法的方法。經腦科學證實，在不同時間多次快速閱讀同一本書，會比單次精讀一本書，更容易記住內容。若能更進一步在不同的地點讀書，效果將更爲顯著。

順帶一提，人類的專注力只能保持十五分鐘，高速閱讀法也因此設定第一次讀十五分鐘，第二次讀十分鐘，第三次讀五分鐘（模式①）。

要實踐模式①，需要持續地專注；若擔心自己注意力不夠集中，也可以從模式②先開始試試看。增加涵養的書籍或參考書通常很難快速閱讀，但模式②卻是很適合閱讀這類書籍的方法。

（*本書提及的閱讀時間皆以兩百頁的一般大衆書籍為基準。高速閱讀法以單頁五秒讀完為目標，所以兩百頁前後的書，大約十五分鐘就能讀完。如果閱讀的是比較厚的書，請以每頁五秒的速度計算，例如三百頁的書就以二十五分鐘為目標。）

【模式①的實踐方法】
（擅長專心閱讀的讀者）

★騰出時間，專心閱讀同一本書三次。

【閱讀時間：三十分鐘】

第一次：十五分鐘

閱讀所有頁面，但在遇到重要頁面時，把頁角折起來。

⬇

第二次：十分鐘

閱讀折了頁角的頁面，並將重要的內容以藍筆做記號。

⬇

第三次：五分鐘

閱讀有藍筆做記號的頁面。

最好每次閱讀的地點都不同。

【模式②的實踐方法】
（不擅長專心閱讀的讀者、閱讀內容較為艱澀的書時）

★讀完一章，再重讀一次

★每章讀兩次後，再閱讀整本書

【閱讀時間：三十分鐘】假設是一本有五章的書

第一章

第一次閱讀（三分鐘）→第二次閱讀（二分鐘）

↓

第二章

第一次閱讀（三分鐘）→第二次閱讀（二分鐘）

⋮

第五章

第一次閱讀（三分鐘）→第二次閱讀（二分鐘）

↓

第三次閱讀整本書（五分鐘）

該如何實踐高速閱讀法？

第一次閱讀的秘訣

火箭發射式閱讀

★按下計時器的同時，立刻開始閱讀

【實踐方式】

準備一個計時器（可使用智慧型手機的時鐘 App），設定時間限制（第一次閱讀為十五分鐘、第二次閱讀為五分鐘），接著按下開始，倒數計時，同時開始閱讀。跳著讀也沒關係，一定要在時間限制之內讀完。覺得重要的頁面可折頁角做記號。

【效果】利用時間限制活化腦力！

閱讀速度太慢的原因之一，就在於專注力不足。目前已知的是，人類的專注力會在被加上時間限制後顯著提升。

用藍筆做記號閱讀

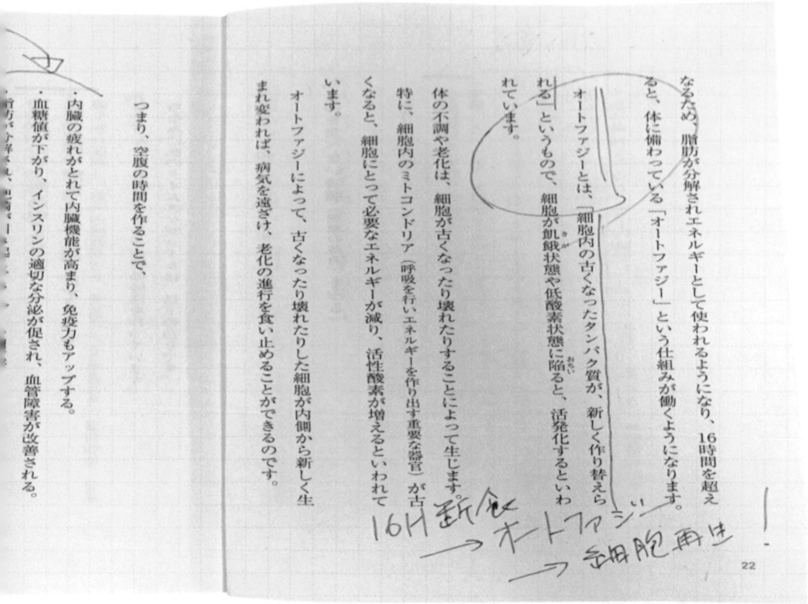
なるため、脂肪が分解されエネルギーとして使われるようになり、16時間を超えると、体に備わっている「オートファジー」という仕組みが働くようになります。

オートファジーとは、「細胞内の古くなったタンパク質が、新しく作り替えられる」というもので、細胞が飢餓状態や低酸素状態に陥ると、活発化するといわれています。

体の不調や老化は、細胞が古くなったり壊れたりすることによって生じます。特に、細胞内のミトコンドリア（呼吸を行いエネルギーを作り出す重要な器官）が古くなると、細胞にとって必要なエネルギーが減り、活性酸素が増えるといわれています。

オートファジーによって、古くなったり壊れたりした細胞が内側から新しく生まれ変われば、病気を遠ざけ、老化の進行を食い止めることができるのです。

つまり、空腹の時間を作ることで、

・内臓の疲れがとれて内臓機能が高まり、免疫力もアップする。

・血糖値が下がり、インスリンの適切な分泌が促され、血管障害が改善される。

★在書裡留下一些記憶點，比較容易記住書裡的知識！

【實踐方法】

·以折角的頁面為中心，閱讀前後幾頁。

·覺得重要的部分以藍筆留下註解，越是重要的部分，越要留下又大、又富有情緒的註解。

【效果】

活用「情節記憶」

大腦往往能記住有別於往常的事物（情節記憶）。若在重要的部分以藍筆畫

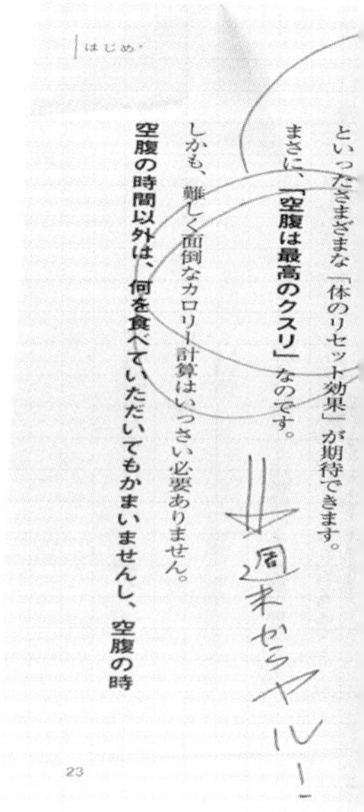
はじめ

といったさまざまな「体のリセット効果」が期待できます。
まさに、「空腹は最高のクスリ」なのです。
しかも、難しく面倒なカロリー計算はいっさい必要ありません。
空腹の時間以外は、何を食べていただいてもかまいませんし、空腹の時

23

上註解，大腦就會認為該部分很特別，而且藍色也有助於提升思考力。

第三次閱讀

Output 式閱讀

★若能 Output，就能留在長期記憶裡！

【實踐方法】

・一邊閱讀藍筆標註的部分，一邊思考這類資訊要怎麼運用在工作或人生，然後留下具體的內容。

・有時間的人，可在讀完書後製作 Output 筆記本，會更容易記住（下一頁）。

【效果】活用大腦的輸出效果！

以自己的話語輸出囤積在大腦裡的內容，可讓大腦將該內容當成重要的資訊，進而存入長期記憶之中。這就是腦科學的基本法則。

將高速閱讀的效果放至最大化！Output 筆記本讓你的人生變得更豐盈！

如果您有較多的時間，不妨準備一本 Output 筆記本，讓透過高速閱讀法吸收的知識化為自己的一部分。以自己的話語將閱讀所得寫在筆記本裡，更容易讓這些內容轉化為長期記憶。若能在旁邊寫上行動計畫，那麼知識就不會只是知識，還能成為今後的行動方針（詳情請參考第三章的內容）。

行動計畫（寫下內容摘要，若有具體行動也寫在這裡。）

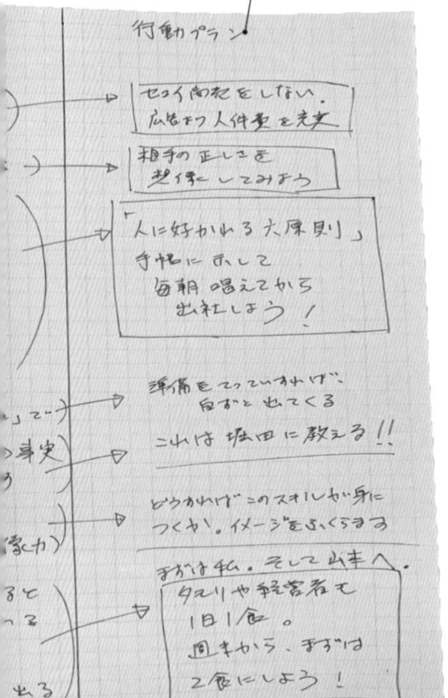

內容摘要（以條列式列出，在二十個字之內寫下書中重點。若有很多個重點，每句都不能超過二十個字。）

讀書目的（讀書之前，務必將讀書目的寫成白話文。如此簡單的一個步驟，就能更提升閱讀速度。）

書名與註解（讀書時間、想與誰分享書中內容。）

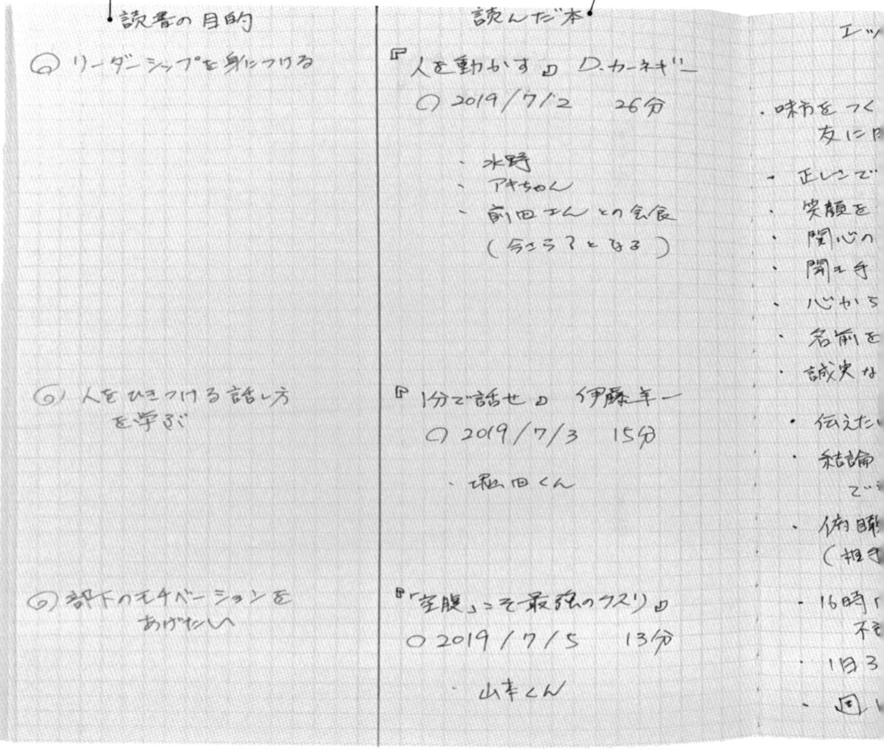

【效果】

讓讀書的輸入與實際的輸出形成有效的循環，就能感受到工作成果與自我成長的好處，為人生帶來良性循環。

本書除了介紹高速閱讀法之外，也介紹各種快速記憶的讀書技巧。這些技巧都是當天讀完、當天就能立刻實踐的方法。想知道具體實踐方法的讀者，請務必閱讀第二章的內容。

接著爲大家介紹使用高速閱讀法能爲人生帶來哪些好處。

一提到讀書，大多會聯想到幹練的商場人士，覺得是他們爲了大量吸收資訊所使用的方法，但我提出的高速閱讀法卻是每個人都可實踐的方法。

不管幾歲，讀書都能讓人生變得更豐富，能大量閱讀，而且能幫助我們記住內容的高速閱讀法，能讓我們在最短的時間之內，享受讀書帶來的各種好處。

從下一頁開始，我將介紹高速閱讀法究竟能爲生活帶來哪些改變，也請大家務必參考看看。

【商場人士、銀髮族、忙於育兒的媽媽族都能實現！】高速閱讀法能更豐富人生

①三十五歲男性（公關公司員工）的情況

「想知道該如何與工作意願不高的部下相處！」

我被拔擢為新專案的負責人之後，遇到工作意願不高的部下，不知道該怎麼相處……但我又很想讓整個團隊團結起來，讓這個專案成功。因爲書裡藏著許多先人的智慧，當時要是能利用高速閱讀法大量閱讀有關領導統御的書籍，或許不到一週就能知道解決方式。

忙碌的商場人士雖然沒什麼時間讀書，但高速閱讀法絕對是能善用零碎時間、提升自身技巧的方法。

②五十一歲女性（主婦）的情況

「覺得退休基金存得不夠，想了解最適合自己的存錢方式！」

只憑老公的年收，應該無法存到足夠的退休金。替女兒付了大學學費之後，存款便剩下不到一百萬日圓，我想知道絕對不會失敗的退休基金儲蓄法。

此時也可使用高速閱讀法。

網路上的資訊不一定都可信，但是只讀一本書，又無法確定是不是符合自家的經濟情況。若學會高速閱讀法，就能於相同的時間之內閱讀接近十倍的書，找出適合自己的資訊。之後只要 Output 這類知識（例如開始投資信託），就能解除經濟面的不安。

③七十歲男性（依靠國民年金過活的退休人士）的情況

「電視看膩了，想嘗試一些新事物，讓退休生活過得更有活力！」

老婆先走一步之後，就過著沒有重心的每一天。我原本是個工作狂，所以沒有什麼朋友，每天都過得很孤獨。我喜歡歷史小說，偶爾也會讀一讀，但也想讀讀之前從未讀過的類型。

非常建議這類銀髮族的讀者學習高速閱讀法。隨著年齡增長，往往不願意再接觸新事物，因爲實在太耗時費力。但是，若能學會高速閱讀法，就能一本接著一本，讀完新領域的相關書籍。

現在已是人生百歲也不稀奇的時代，即使是一年只能讀十本書的人，學會高速閱讀法就能一年讀一百本。假設能活到一百歲，就有機會讀完三千本書。實在沒有理由不學習讓晚年更加豐富的高速閱讀法吧？

④十七歲女性（高中生）的情況

「要背誦的科目好難！讀書的時間不夠！想提升記憶力！」

明明大學考試就在不遠的半年後，但歷史卻遲遲拿不到高分。明明都讀過，卻一下子就忘了，有沒有記住參考書內容的方法呢？

這幾乎是考生共通的煩惱吧？建議在閱讀參考書的時候，使用高速閱讀法的模式②閱讀。

比起花好幾個小時精讀，在分配好的每一段時間之內反覆閱讀，才能真的背進腦子裡。一旦習慣高速閱讀法的閱讀方式，就有機會提升國文的分數，閱讀各科題目的速度也會變快，考試時也會很習慣在時間限制之內閱讀所有內容，所以不會遇到時間不夠的問題。

⑤四十一歲女性（打零工）的情況

「兒子處於反叛期，很擔心他誤入歧途！」

兒子明年就要考高中，但處於反叛期的他整天都在打電動，我很擔心他的未來。到底該對他嚴格一點，還是讓他自由一點？這年紀的孩子真的很難管教。

與孩子間的問題乍看之下跟高速閱讀法好像沒什麼關係，但一般來說，人之所以會覺得不安，是因爲「缺乏資訊」。

如果能透過高速閱讀法閱讀大量親子相關書籍，或許就會發現有很多人也有相同的煩惱。除了解決親子問題的書籍外，有些書裡的名言能幫助我們化解人際關係上的煩惱，找到解決的方法。即使是忙著養家的媽媽，也建議趁空檔實踐高速閱讀法。

前言

讀到這裡，大家應該已經知道高速閱讀法有別於傳統的速讀了吧？

大家好，抱歉沒在一開始就自我介紹，我是發明高速閱讀法的上岡正明。

我目前經營三間顧問公司，擔任大型上市公司的顧問。自研究所取得ＭＢＡ之後，我便一邊研究腦科學，一邊擔任約聘講師，過著忙碌的每一天。此外，我曾是成功的股票投資家與不動產投資家，曾將手邊的二百萬資金增值到三億元。

我並不是在自我吹噓，而是這一切，全都是透過高速閱讀法得到的。

我原本是一個很糟糕的人，沒考上第一志願的大學，找不到工作，只做了一陣子的見習電視企畫。

想著要自行創業的我，在沒有知識也沒有經驗的情況下，只想到先靠著大量閱讀來充實自我。

但一看到像座小山堆在桌上的書，我就覺得走投無路。

買書當然是好事，但工作忙得完全沒時間閱讀！要是能學會速讀就好了，但我沒錢去上速讀的補習班與購買函授課程。

因此我買了速讀的書，練習眼球訓練術或右腦閱讀術這種一知半解的方法。結論是，我覺得有讀到書，卻記不住半點內容。

有些人或許適合速讀，但對我來說，一點幫助都沒有。

因此我一邊研究腦科學，一邊尋找適合自己的速讀術。每天想著「要讀得快」「而且要記得住」「還要能 Output（輸出與應用）」，建立讀書與工作的關聯性，在過程中不斷修正自己的閱讀方式。

在這個過程中誕生的，就是本書介紹的「高速閱讀法」。

我使用這種閱讀法已經十五年了，每天毫不費力地讀完一本書，讀書早已像是每天的三餐般，成爲生活的一部分。

將透過高速閱讀法獲得的知識轉換成實際的 Output 後，我的商業技巧進步了，連原本一竅不通的投資也因爲這些知識而大有斬獲，這一切只因爲透過高速閱讀法得到的知識可於現實世界使用。

我公司的每個員工也都利用高速閱讀法創造各自的工作成果。每當認識新朋友，我都會介紹高速閱讀法，每位朋友也都會大讚「這方法好棒」，然後採用這個方法，也因此許多人口耳相傳這個方法的效果，所以我才有機會撰寫本書。

容我重申一次，高速閱讀法是能高速閱讀、記住內容、並 Output 內容的閱讀法，是讓人生變得豐富的閱讀法。

「只憑讀書，人生就能一帆風順？別開玩笑了！」會這麼想的你，太小看讀書的好處了，逆轉人生的最短捷徑就是讀書！

因爲你的煩惱與問題全都是前人的經驗，所以一定有某本書寫著解決之道。

雖然讀書很好，但我們現代人太忙，讀一本書就得花一週的話，在找到最佳的解決方案之前，人生已經越來越沉淪，所以才說我們需要「高速閱讀法」。

細節會在內文介紹，但一般認為，針對一個主題讀七本書，你就會掌握主題一定程度的知識。假設現有的知識存量為零，讀完七本，就能了解該主題的全貌，找出最適合你的解決方案。

若以高速閱讀法而言，等於你在一～二週之後就能找到煩惱與問題的解決方案，也能具體地改善現況。

假設你的問題是「健康」。走進書店，會看到飲食、運動、睡眠、營養補充品這類相關的健康書籍。

只翻閱其中一本，你不知道書中的方法是否眞的有助你的健康。因為提供判斷的資料太少。但是當你讀了七本，你就會發現健康之道的共通點，也會知道對你有幫助的方法。高速閱讀法正是能幫助你做出正確判斷的重要技巧。

高速閱讀法當然也能在「商業技巧」「儲蓄退休資金」「證照考試」「人際關係」以及各種領域應用。

唯一不適合的，就是小說這類需要仔細閱讀箇中滋味的書籍。

這是當然，我讀一些饒富趣味的小說時，也是不在意時間快慢的，只不過我實在太習慣高速閱讀法，所以連讀小說也讀得很快，這或許是另一項讓人生變得更豐富的恩賜吧。

一個糟糕的人在歷經多次嘗試之後找到的方法，居然能寫成一本書，還能幫到大家的忙，這眞的是意外的驚喜。

在有限的人生裡，遇見好書與遇見好人一樣重要。希望大家透過高速閱讀法與大量的書籍相遇，享受大量內容帶來的美好，讓人生因此變得更充實。

人生的豐富度由閱讀量決定。

高速閱讀法就是讓人生變得豐富的最強武器。

請大家務必從今天開始實踐高速閱讀法！

目錄

序章
在開始之前
高速閱讀法的厲害之處還不只這些！ 006
活用腦科學的分散效果！ 008
讀者推薦 017
前言 023

第一章
高速閱讀，牢牢記住！
腦科學認證的最強閱讀法

01 用高速閱讀法讀更多，還能牢牢記住內容
從商業人士到銀髮族都適用的「高速閱讀法」 040
以腦科學為基礎的閱讀法，讀完後過目不忘 042
高速閱讀也能「Output」 044

02 與速讀相似，其實是天壤之別的高速閱讀法
高速閱讀法，是「在三十分鐘內閱讀同一本書三次」 045
高速閱讀法與速讀的目的完全不同 047
最新研究證實，「速讀的效果無法得到佐證」 049
鍛練眼部肌肉也無法在商場獲得成功 051
若大量閱讀無益於人生，就毫無意義 052
03 高速閱讀法不需要上課，就能從今天開始實踐
實踐方法就像是在書店站著閱讀 055
不需要知識與技術，所以從今天就能實踐 057
在放鬆的狀態下實踐，才能記得住內容 058
開心地實踐高速閱讀法可讓海馬迴活化 060
04 透過高速閱讀法，讓人生越來越豐富
利用高速閱讀法開創新世界 062

速度×知識×行動等於成果！　063
只看網路上的資訊不行嗎？　065
透過高速閱讀法，闖進前三%商業菁英的世界　068
高速閱讀法也能應用於證照考試或入學考試　070
銀髮族可透過高速閱讀法挑戰新領域　071
人際關係與養兒育女的煩惱，都可利用高速閱讀法解決　072
你的人生目的為何？讀書目的為何？　073

第二章

達成高速閱讀的超級閱讀法

01 **閱讀前的小準備，可讓速度大幅提升**
將讀書的「目的」寫成白紙黑字　078
你的目的或願望明確嗎？　079
目的決定後，自然就知道要讀什麼書　081
高速閱讀法的主角不是書，是你自己　084

02
【高速閱讀第一回合】如何在十五分鐘內閱讀一本書？
高速閱讀法就是在三十分鐘之內，閱讀一本書三次的方法 085
在十五分鐘內讀完第一遍的「火箭發射式閱讀」 086
坐到位子上，同時按下計時器與專心閱讀 088
不需要讀目錄 090
基本上，結語也不需要閱讀 092
沒有閱讀價值的部分可快速略過 093
在閱讀前，先讀一下封面與書腰 095
第一回合的秘訣：不重讀文字 098
高速閱讀技巧①：要重視的只有「逆接的接續詞」 099
高速閱讀技巧②：閱讀結論 100
第一回合閱讀時，可折頁角作為標記 103

03
【高速閱讀法第二回合】用藍筆做記號閱讀，記住書中內容
利用雙重技巧，閱讀折了頁角的頁面 104

活用情節記憶！「用藍筆做記號閱讀」的技巧　106
將情緒原封不動地投射到書籍，創造情節記憶　107
為什麼「藍筆」是最佳選擇？　109
寫得亂七八糟也沒關係！印象深刻的筆記有助於記住書中內容　110

04 【高速閱讀第三回合】改變人生的 Output 式閱讀
一邊思考藍筆註解的 Output 方法，一邊閱讀　112

05 高速閱讀法的模式②也有助於記憶教養書與參考書
這種方法適合不擅於專心閱讀的人　115

第三章 透過閱讀創造成果！Output 筆記本的記錄方法

01 將讀書內容轉換成行動，來寫 Output 筆記本吧！

透過 Output 筆記本，讓閱讀實際進入人生 120
別耗費太多時間寫 Output 筆記本 122
將書的菁華寫成新聞標題般的條列式 123
最糟的 Output 筆記實例 124
光有大量知識，無法在現今這個時代取勝 125

02

撰寫 Output 筆記的四個重點

傳授具體的實踐方法 127
將 Output 筆記轉換成行動 129
如何讓「行動計畫」與實際行動鏈結？ 131
這種人或許不需要寫 Output 筆記 133
「讚！」無法改變人生 134
遇到好書，可多花一點時間 Input 135

03 Output 筆記是人生的聖經
最終目的是「擁有前人的思維」 137
模仿達人為什麼能如此近似本人？ 138
利用高速閱讀法，將別人的思維複製到大腦裡 139
高速閱讀讓人不覺得「失敗」是失敗 140
高速閱讀法是能達成任何目的的筆記術 141
偶爾回顧一下 Output 筆記 141

04 你的背後，有無數書籍撐腰
為什麼要寫筆記？ 143
讓 Output 筆記成為人生夥伴 145

第四章 用高速閱讀法提升腦力，人生更加豐富

01
同一領域的書讀七本後，誰都能成為該領域的佼佼者
僅僅兩週的高速閱讀，帶你通往異次元 148

02
高速閱讀法可幫助我們自然學會現代所需的技巧
強化邏輯思考能力 152
靈感與創意也會增加 153

03
高速閱讀法可提升非認知能力
掌握學校沒教，卻很重要的腦力 155
透過高速閱讀法學會假設思考 156

04
大量閱讀與採取行動，強化自信
能讓「內心變得強大」的高速閱讀法 158
日本學生有九成沒有自信 159

05 與過去的自己比較，可明確感受自己的成長
學會面對自己的方法，而非面對別人 161
不管成功或失敗，都可寫成 Output 筆記 162

06 高速閱讀法也有助於兒童的大腦發展
既然要閱讀，當然要採用更有效果的方法 164
懂得自律，未來就容易成功 166
溝通能力也可透過高速閱讀法提升 168
閱讀是孩子成長必須的養分 168

07 大量閱讀可培養直覺與靈感
利用高速閱讀法做出正確的判斷 171
「思考時間的長度」與「判斷的正確度」不成比例 172
不斷抽籤的人終將成功 173
高速閱讀法的最終型態，是讓熱情化為具體行動 173

08 有目的與願望才能養成閱讀的習慣
高速閱讀法能讓你聚焦於當下 175
該如何培養閱讀習慣？ 176
沒時間讀書的人該怎麼辦？ 177

09 學習高速閱讀法，是為了有效提升你的價值
在發明高速閱讀法前，我也得花好幾天讀一本書 180
高速閱讀法，會讓你對自己的內在產生信心 181
在人生一百年的時代提升自己的價值 182
對我來說，書就是生意夥伴 183
只為自己的 Output，無法持之以恆 184

結語
高速閱讀法的抽象價值 186
豐富的知識是生存之道 187

第一章

高速閱讀，牢牢記住！腦科學認證的最強閱讀法

01 用高速閱讀法讀更多，還能牢牢記住內容

從商業人士到銀髮族都適用的「高速閱讀法」

高速閱讀法，是誰都可學會的閱讀法。

想讀書，卻騰不出時間嗎？每天被一堆事情纏身，每個月只能讀一、二本書的人，只要學會高速閱讀法，就能在相同的時間之內輕鬆讀完十二～十五本書。

更棒的是，高速閱讀法沒有複雜的訓練過程，所以誰都能立刻學會。

與部下溝通不良的煩惱上班族；

想著該如何激發員工士氣，提升業績的經營者；
希望提升小孩成績的媽媽；
想進入門檻很高、卻很受歡迎的創投企業的學生；
想利用空閒時間從事副業的太太；
想知道該怎麼有效運用年金的銀髮族；
趁著離職的空檔，想重新學習世界史的朋友……

這些人想要的資訊、知識、技巧，都可以一下就學會，而且輸入腦海的內容將轉化爲長期記憶，烙印在腦海裡。

其實我曾經從高速閱讀法的學員得到下列的回饋：
「我變得一天能讀完一本書了。」
「沒想到眞的忘不掉書裡的內容。」
「原本是忙得沒時間讀書，現在卻培養出讀書的習慣。」
「可立刻運用讀到的內容。」

「更懂得溝通。」
「更能專注。」
「孩子成績進步了。」
「公司加薪，年收入增加了。」
「只利用零碎的時間讀書，卻拿到很難拿到的證照。」
「腦筋變得比以前聰明了。」
「自然而然學會假設思考與邏輯思考。」
「明明已經超過六十歲，卻能更深入地理解事情。」

這一切到底是如何辦到的？

以腦科學為基礎的閱讀法，讀完後過目不忘

高速閱讀法可讓所讀的知識轉化爲長期記憶，所以學到的知識或技巧絕對忘不掉。

若問爲什麼這種聽起來像幻想的事得以實現，這是因爲高速閱讀法，是經過最新腦科學驗證的方法。

實踐方式留待第二章說明，在此先粗略地介紹高速閱讀法的概要，希望大家能了解腦科學是如何應用的。

高速閱讀法是在三十分鐘之內，同一本書讀三次的方法。

不過，並不是連續讀三次，而是在不同時間、地點閱讀，如此一來就會產生腦科學的「分散效果」。

讀書時，與其一口氣讀完，邊休息邊讀書，反而比較容易記住，也比較有效果，這點已在腦科學的領域得到證實，而這種現象就稱爲「分散效果」。

高速閱讀法就是爲了利用大腦的這種習性，特別強調要在不同時間與地點閱讀，而不是一口氣在三十鐘之內讀完同一本書三次。

此外，高速閱讀法不只是閱讀，還將讀到的感受寫進書裡，或是在覺得重要的部分畫線，這麼做是爲了活用腦科學的「情節記憶」。

大腦記住有別以往的變化的習慣，稱之為「情節記憶」。高速閱讀法透過邊讀邊寫筆記的方式，創造有別於日常的狀況，藉此讓讀到的內容轉換成記憶。

高速閱讀也能「Output」

高速閱讀法的 Output，指的是在現實生活中運用讀書所得的知識與技術，而不是只讓這些知識與技術留在腦中。

一旦輸出，大腦就會將那些輸出的內容視為重要資訊，然後轉換成長期記憶。

聽到這裡，大家覺得如何？

高速閱讀法的背後是由腦科學作為輔助的，所以並不僅僅是高速、大量地閱讀，更要能將讀到的內容轉化為記憶。

此外，高速閱讀法也運用了其他經過腦科學證實的方法，後續也會隨時為大家介紹。

02 與速讀相似，其實是天壤之別的高速閱讀法

高速閱讀法，是「在三十分鐘內閱讀同一本書三次」

一如開頭所述，高速閱讀法是「在三十分鐘之內閱讀同一本書三次」的方法。看到這句話的讀者或許會有「什麼時候都可讀？」「該在哪裡讀？」「三次是指讀別本書嗎？」這類疑問，所以就讓我為大家粗略介紹一下高速閱讀法的流程。

高速閱讀法是於三十分鐘之內，閱讀一本書（當然是同一本）三次。

第一次閱讀需時十五分鐘，第二次爲十分鐘，第三次爲五分鐘。

閱讀地點不拘，可以是自家書桌前、電車裡、床上，唯獨要分成三次，並且專心閱讀。

這種高速閱讀法其實已得到腦科學佐證。一本書分三次閱讀，是爲了產生剛剛提到的「分散效果」。而第一次閱讀的時間之所以設定爲十五分鐘，是因爲人類最多只能專心十五分鐘，這部分也已得到科學證實。

讓我們再回顧一次。

高速閱讀法是以第一次閱讀：十五分鐘→第二次閱讀：十分鐘→第三次閱讀：五分鐘，時間與地點都錯開的流程進行。

這種閱讀方式是高速閱讀法的基本型，稱爲「模式①」（還有「模式②」），詳細的執行方法將於第二章說明。

高速閱讀法與速讀的目的完全不同

剛開始閱讀本書的讀者，或許會懷疑「這不就跟速讀一樣嗎？」但請讓我申辯一下。

高速閱讀法與速讀完全不同。目標也不一樣，執行方式也完全不同。

如果你曾想過去速讀的補習班，或是參加講座、購買昂貴的教材，請容我大喊一聲「稍等一下！」建議你想清楚再行動。

其實不去這類補習班，不用花大錢也能學會速讀。

本書就是爲了想學會速讀的人所寫。除了想成爲速讀專家的人之外，一般人去速讀補習班，也得不到什麼出乎意料的效果，這是因爲讀書的「目的」完全不同。

速讀是以快速大量閱讀爲目的，但讀得再快，若是記不住內容，那讀完了也

高速閱讀法與速讀的目標不一樣！

● **速讀的目的**
只著重於快速大量閱讀
➡ 記不住就毫無意義

● **高速閱讀法的目的**
透過大量閱讀記住內容
➡ 在工作或生活運用閱讀所得的知識

毫無意義。

但高速閱讀法不同。高速閱讀法的目的在於大量閱讀並且記住內容，而且要將閱讀所得的知識於工作、生活運用。

換言之，學會高速閱讀法，不僅可透過快速閱讀吸收大量的資訊，也能吸收優質的資訊，等於節省了時間又得到一定的成果。

而且高速閱讀法的實踐方法很簡單，完全不需要任何訓練，只要讀完本書，誰都可以從今天開始實踐。

最新研究證實，「速讀的效果無法得到佐證」

從很久以前，腦科學領域就認爲速讀是有效的閱讀方式，但最近某間大學的研究卻證實，速讀是幾乎難以實踐的技術。

速讀的確是很引人側目的技術，光是廣告就足以令人心動，我自己也因爲相關講座的資訊而參加過好幾次。

不過，就算是再有魅力的技術，也不一定眞的有效果，因爲速讀其實是只有極少部分的人才能學會的技術。

如果只是要快速理解書中內容，其實只要聽聽語音書，或是使用書本摘要的網路服務就可以了，但這些方法都無法讓內容留在腦中，無法幫助你達成目的與願望。

在此不客氣的說，我覺得速讀完全沒必要學，因爲這跟坐高鐵眺望窗外風景，是完全一樣的事情。

你能在高鐵高速移動時，將窗外流動的景色全部記下來嗎？

或許能記住田園的綠意，但記不住大樓有幾座、招牌有幾種吧？照理說，窗外的風景應該是快得目不暇給吧。

三分鐘讀一本書就像是以音速奔馳的噴射機，對大腦會造成非常沉重的負擔。而且要記住這些風景，就算是超級專業的飛機駕駛員也很困難，而且美國的研究也指出速讀是不可能實現的技術。

二〇一六年，加州大學發表了與速讀有關的論文。該論文整理了兩百個速讀研究與實驗資料後，斷言如同相機拍攝頁面，或是讓眼球快速移動的速讀術得不到科學佐證。

一般認爲，眼睛與眼部肌肉的運動占讀書的重要性不到十％，換言之，眼球動得再快，都無益於閱讀。

這篇論文似乎請二〇〇八年速讀大會的冠軍讀了最新的《哈利波特》。這是由協會認定的冠軍級人物，而這位冠軍居然四十七分鐘就讀完最新的《哈利波特》。明明這本書厚得跟字典沒兩樣，這簡直是令人吃驚的神速。

不過，簡單整理一下這位冠軍的讀後感想之後，內容如下：

「這眞是最高傑作的小說啊，我總算知道爲什麼孩子們這麼喜歡哈利波特。本書有許多激發小孩創意的場景，也有許多讓孩子們感到悲傷的情節，眞的是太棒了。」

大家覺得如何？如果你的讀後感想只有這樣，眞的能宣稱把書本內容讀進腦袋了嗎？

鍛練眼部肌肉也無法在商場獲得成功

讀到這裡，我想大家已經明白，高速閱讀法不會提及用右腦像是看照片般閱讀，也不會要求大家眼球要動得很快，完全不會提到這類像是超能力的事情。

眼球動得很快這點，充其量是個小技巧，不算是速讀的本質。

不管你眼球動得多快，也無法在商場獲得成功，更不可能增加自己的涵養，只會讓人覺得「那個人的眼部肌肉好強」「那個人對眼球好有研究」而已。

老實說，訓練眼部肌肉，藉此達成大量閱讀的目的，或是讓眼睛像鏡頭般，拍下書中內容，都只是在過度使用眼球與大腦，我也不太建議這麼做。

如果有人跟你說，要想學會足球的頂球，就得每天訓練額頭的肌肉，大家會怎麼想？應該會覺得這樣會短命吧？

我一直覺得，眞的要用這種未經科學證實的方法傷害自己的身體嗎？眼球也不想被這樣訓練吧？眼球可是很脆弱的。

我的眼底本來就脆弱，視網膜剝離的機率也比別人來得高。某次在眼科檢查知道這件事之後，更是覺得不能讓眼球進行這類訓練。所以我覺得，別太執著這類訓練，讓自己放鬆心情會比較好。

若大量閱讀無益於人生，就毫無意義

我想進一步說明高速閱讀法與速讀的不同。

快速閱讀的確是很有價值的事，不過，比別人讀得快十倍，就能多出十倍的時間嗎？速讀無法回答這個問題，但其實這個問題才是重點，可惜發現這件事的人少之又少。

人生最重要的是時間，時間就是生命。

速讀要求的是快速閱讀，然後下一本書也快速閱讀，如此一來，就能大量閱讀。若真是如此，我很想問一個問題。

那就是，到底要讀到什麼時候才能停？沒有結束的一天嗎？要一直讀到天荒地老嗎？

閱讀量是別人的一百倍，能讓你產生什麼變化？人生會因此變得快樂嗎？將有限的時間全用在閱讀上，真的是件好事嗎？

我有位去速讀補習班的朋友，得到可以開速讀補習班的權利後，在週末去當速讀講師，算是賺點外快。

不過他總是抱怨自己的主業收入太低，而且公司與國外企業合併後，有可能會有一波裁員的風潮。

他總是跟我說，他想創業，但到現在仍然是個上班族。單憑講師的副業不僅養不活家人，與家人相聚的時間也因此減少，而且連讀書的時間也越來越零碎。

這只是個例子，我無意幸災樂禍，我也覺得教速讀獲得的成就感，是金錢買不到的。

我只是想告訴大家，若無法達成目的或願望，剩下的只有後悔。

可惜的是，不管你幾歲，不管你的職業為何，每個人的職涯都有保存期限，而且沒有人可以挽回失去的時光。

到目前為止，都對高速閱讀法與速讀的差異視而不見的人，請務必從現在開始仔細思考。

03 高速閱讀法不需要上課，就能從今天開始實踐

實踐方法就像是在書店站著閱讀

「我想試試高速閱讀法，但我是個讀一本書要花好幾天的人，這樣也學得會嗎？」

或許有人會這麼問，但其實沒問題的，其實很多人都曾經有潛意識快速閱讀的經驗，我也曾在發明高速閱讀法之前，以非常快的速度閱讀一本書。

問題來了，其實大家應該也都有過這樣的經歷。請你想想，你在什麼時候會快速閱讀一本書呢？

答案是在書店站著閱讀的時候。

「蛤？」「什麼啊，是站在書店裡閱讀的時候啊」，或許有些人會覺得不以爲然，但其實就腦科學來說，這個方法是非常有效的，而且也是很有道理的閱讀方法。

許多人應該有在書店找到想要的書之後，一口氣讀完那本書的經驗吧？

這些書不一定有特定的種類，有的可能像這本書一樣是職場工具書，有的可能是旅遊用書，有的可能是國民年金解說書籍。

此時每個人都以最快的速度閱讀，這是因爲這本不是自己買的書，心理負擔也會瞬間減輕不少的緣故。

但如果這是本「花錢購買的書」，突然負擔就會變得沉重，也會在心裡考慮起買這本書的投資報酬率。所以站著閱讀時最沒有壓力，也能以最快的速度閱讀。

即使是沒學過速讀的人，也能透過站著讀的方式，利用午休時間的十分鐘把一本書的內容讀個大概。

其實或許連你自己都沒發現，大腦在放鬆的狀態下，能以最理想的方式高速閱讀，而且是依照某種目的閱讀，所以更不會忘記內容，也能立刻在職場應用。從書店回到辦公室之後，可立刻試用剛剛讀到的 Word 操作方法，或是回到家之後，立刻預約旅遊書裡的旅館。

就是這樣讀了十五分鐘之後，可立刻派上用場的感覺，請大家千萬不要忘記這種感覺。

不需要知識與技術，所以從今天就能實踐

只要想想在書店站著閱讀，就會知道高速閱讀法不需要知識或技術。

在此爲大家說明高速閱讀法不需要哪些事情。

首先希望大家知道的是，高速閱讀法完全不需要經過特別課程訓練。不需要將眼部肌肉練得像接近人類極限的運動員一樣，也不需要具備能在兩到三分鐘之內讀完一本書的超高智商。

這些要求不僅一般人做不到，老人更不可能做得到。若眞的如此練習，不僅

是大腦，連眼睛都會出問題。

簡單來說，高速閱讀法不需要任何知識與技術，所以除了上班族、學生之外，連主婦與銀髮族都能從今天開始實踐。

只要使用這本書介紹的方法，就能在輕鬆的狀態下學會高速閱讀法，請各位讀書先放輕鬆，一邊享受閱讀，一邊以改變自己的人生爲優先。

在放鬆的狀態下實踐，才能記得住內容

想必大家已經知道，高速閱讀法是「以三十分鐘閱讀一本書三次」的方法。除了要達成剛剛介紹的「分散效果」之外，定爲「三次」是有根據的。

人類的大腦無法在心理負擔沉重的情況下正常發揮功能，這點已經過美國維吉尼亞大學德尼斯普洛依德教授的實驗證實。

這項實驗請身負重物的被實驗者預測前方坡道的角度，相較於負重較輕的情況，背負重物時，會覺得坡道的角度「更陡」。更有趣的是，在相同的實驗裡分別播放沉重與放鬆的音樂，被實驗者會在聽著沉重的音樂時，覺得坡道的斜度比

聽著放鬆的音樂時，還要陡兩倍。

只要心理有負擔，大腦就會像這樣鈍化。

如果高速閱讀法是「在三十分鐘之內讀一遍」的方法呢？

此時很可能會覺得「這次是最後閱讀這本書的機會」「讀不完該怎麼辦？」「非得一口氣讀完不可」吧？

這些想法只會加重心理負擔，如此一來大腦的功能也會鈍化，無法牢牢記住內容。

逼自己一次記住全部內容、了解內容，只會加重心理負擔，有些人甚至會因此急得無法專心閱讀，一旦大腦陷入這種狀態，就有可能會無法控制自己的專注力，也有可能得浪費時間、不斷地重複閱讀同一段內容。

老實說，在這種心理狀態下，根本無法實踐高速閱讀法。

反之，如果告訴你「分成三次閱讀，再了解內容就好」的話，大家覺得如何？

心情一定比較輕鬆吧？

只要想著「還有機會」「還有明天」，每個人都能夠輕鬆閱讀了。

開心地實踐高速閱讀法可讓海馬迴活化

大腦其實是很活潑的器官，明明重量只占體重二％，消耗的熱量卻占整體熱量的二十五％。

尤其大腦還有海馬迴這個部位，這個部位負責記憶，學會的內容會長期於這個部位儲存，而海馬迴附近則有杏仁核這個掌管情緒的部位。

東京大學醫學部的研究指出，杏仁核會在我們興奮的時候驅動海馬迴，藉此提升記憶力。

這項事實告訴我們什麼？那就是不管手上的書籍或教材寫得多好，只要無法開心地閱讀，就無法吸收內容。

所謂新方法就是在不順利的時候正面思考，從失敗中學習的意思。這就是常聽到的「失敗為成功之母」，樂觀地改善自己的問題是非常重要的一件事。

實踐高速閱讀法的時候，請不要一直想著「要快速閱讀」，而是要以享受閱讀為前提。

04 透過高速閱讀法，讓人生越來越豐富

利用高速閱讀法開創新世界

高速閱讀法可開創何種新世界呢？

我敢說，是前所未有的新世界。

例如在工作的閒暇之餘，在談生意前的待機時間、坐在咖啡廳等朋友的時間，都可利用高速閱讀法讀完一本書，還能牢牢記住書中內容。

這些知識會不斷地在腦中累積，要是在談生意之前讀一本書，還能立刻與客

戶分享書中的精華；如果你是上司，可當場讓部下聽聽書裡的內容。

我是公司經營者，也在股票市場投資超過三億日圓。

我沒有什麼特殊才能，一開始連開設證券公司的帳號都不會，起點與各位讀者都一樣，但我之所以能夠成功，全在於我趁經營公司的空檔大量閱讀股票投資相關書籍而已。

我三十分鐘就能讀一本書三次，所以能不斷地消化掉購入的股票書籍，而且書中的內容都深深地烙印在大腦裡，完全不會忘記。

最終，我光是透過高速閱讀法得到的知識，就在三十幾歲的時候建立超過億元規模的資產，而且這些知識都只是趁著工作空檔讀書得到的。

若能在三十分鐘讀完一本書三遍，你的人生也會像這樣產生戲劇性的改變。

速度×知識×行動等於成果！

我一再強調，高速閱讀法是三十分鐘讀完一本書三遍的方法，而且是基於腦科學的方法，能幫助我們記住書中的內容。

以高速閱讀法為武器，就能以速度 × 知識 × 行動量飛快成長

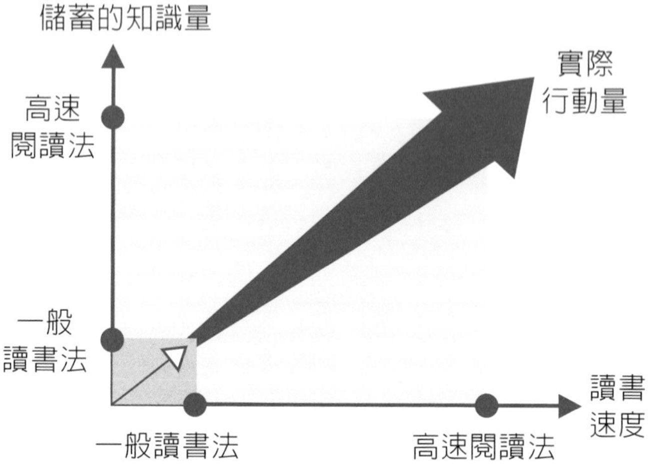

尤其是利用我接下來要介紹的方法，也就是與你的目的、願望有關，能將內容存入情節記憶的方法閱讀，就能快速閱讀，還能牢牢記住書中的內容。

我想大家已經明白，這種高速閱讀法與過去的速讀完全不同，可快速閱讀，又不會忘記內容，還能將內容應用在工作，創造工作成果。

如果能學會高速閱讀法，職場與私生活都會變得快樂。

一如後面的內容提及，高速閱讀法不僅社會人士可以使用，學生或銀髮族也能使用。

就腦科學而言，若能透過讀書創

造成果，自我肯定度也會提升，也會變得更有自信。

高速閱讀法不僅僅是「拚命閱讀」，還是「到死都很實用」的閱讀法。持續讀書就能創造成果，還能建立自我的價值觀，也能回饋身邊的人。若能如此面對自己，就會覺得今天比昨天更有希望，也會變得更開朗正面。

只看網路上的資訊不行嗎？

有些人聽到我大談讀書之道後，會問：「透過網路收集資訊不是比較快？而且現在這個時代已經不需要讀書了吧？」

用網路搜尋資訊當然是件不錯的事，我也不予以否定。

搜尋的確能讓我們取得需要的資訊，如果要大家不要使用這麼方便的工具，也實在太不講道理。

不過，網路資訊有其缺點：第一點是不容易記住，第二點是不夠廣泛。

爲什麼我們很容易忘掉網路上的資訊呢？

因爲網路資訊通常只是一堆羅列的資料，寫的人通常不是抱著強烈的使命感在寫這些資料。

當然不是所有的網路資訊都這樣，只是網路資訊不一定都背負著要將價值傳遞給讀者的使命，也不一定會希望讀者因爲這些內容而成長。

簡言之，就是目的不同，大部分撰寫者是爲了搜尋引擎 Google 撰寫網路文章，比起讀書，他們更在意是否能有效率地編輯內容，以及更快闖入 Google 的搜尋結果的前幾名。

換言之，大部分的網路寫手都以 Google 爲優先，而不是以讀者爲優先。

就現況而言，網路資訊也有許多不正確的內容。而你之所以未能發現這件事，是因爲正確的資訊本來就不多。

像我這樣大量閱讀之後再閱讀網路資訊，就會發現網路資訊有許多錯誤，而且還有故意把不該寫錯的部分寫錯的文章，這是爲了網路引擎最佳化的目的，有時候不得不如此撰寫文章。

這樣的撰寫文章方式，也會導致出現許多類似的標題或內容。

不過網路資訊也有其好處。

網路文章搜尋之所以方便，在於想了解什麼，順手一查就能取得相關內容。現代已是稍微搜尋一下，就能找到資訊的時代，想立刻取得需要的資訊。在這個想立刻取得特定資訊的時代裡，網路資訊當然很受歡迎。

比起書籍，網路資訊更能找到行銷的族群，也有更明確的定位，而且經過重新編輯的網路內容也的確能輕鬆迅速地閱讀。

不過，因爲缺乏了自行找出答案的流程，代表這些內容不一定能留在你的大腦裡。此外，網路資訊也不適合用來進一步了解事物，或是透過周邊的小故事累積知識。

我們應該透過職場與私生活提升自我。

不管人生目的爲何，想要提升自我，就應該重視讀書這件事。而相信你也已經發現，使用不花時間，又能牢牢記住內容的閱讀法，還能將讀到的內容轉換成實際的行動或成果，對人生是非常有意義的。

透過高速閱讀法，闖進前三%商業菁英的世界

持續讀書，就有可能在公司出人頭地，因爲養成讀書習慣之後，思考邏輯與行動方式都可能改變。

讓我們想想那些商業菁英或有錢人都是如何將讀書這件事當成武器使用的吧，只要知道這點，應該會有學習高速閱讀法的動機才對。

例如你希望增加年收入。雖然目標可以無限放大，但就讓我們訂在年收一千萬這個整數吧。

對於年收未達一千萬的人而言，或許會覺得這個門檻很高。從日本的平均值來看，年收入一千萬的人只有三%。

那麼大家知道，年收入一千萬到一千五百萬的有錢人，每個月閱讀幾本書嗎？

在高年收入的商業菁英之間非常受到歡迎的商業雜誌「PRESIDENT」，每年都會推出介紹成功人士習慣的特輯，也會實施閱讀相關的問卷調查，結果發現，年收入超過一千萬的人，平均每個月閱讀七本書。

收入超過億元的大富豪，大部分數字會在這之上，或是有早上讀書的習慣。

據說美國最知名的億萬富翁比爾．蓋茲，習慣每晚睡覺前讀一本書，所以我才說，不管是在所謂的商業成功課程還是資產建立流程，讀書都是非常重要的武器。

如果不把讀書當成一回事，就很可能會覺得「這跟我沒關係吧？」「說到底，沒有堅強的意志力就不會成功嘛」而放棄自我提升。

但是請大家稍安勿躁，我要請大家仔細思考一件事。

首先要思考的是，大部分的人一個月都只能讀一本或兩本書，更多人是不太閱讀的，可是你身邊的高階領袖或億萬富翁卻是每個月讀七本書，聽到這個數字之後，你做何感想？

不管現在的閱讀量如何，在這個初學高速閱讀法的時候，你應該會覺得「原來他們的閱讀量也不多啊」才對。

對你來說，這是可輕鬆跨越的閱讀量，至少你的閱讀量可跟億萬富翁一較高下，光是這點，應該就能讓你很開心吧？

高速閱讀法也能應用於證照考試或入學考試

現代有許多人被時間追著跑，其中最具代表性的情況，莫過於爲了準備證照考試或是入學考試，而覺得時間不夠用。

「記不住常用單字」「做不完考古題」「明明三天前才背過的公式，現在就忘記了」……能在這類情況幫上大忙的，就是能快速閱讀，又能牢牢記住內容的高速閱讀法。

要用高速閱讀法閱讀完全沒讀過的參考書當然很難，但是想在考試會場快速複習一下的話，就很適合使用高速閱讀法。

如果已經讀過很多遍，只需要使用第二章介紹的「藍筆記號閱讀術」，快速確認重要的部分即可。

時間要用在刀口上，讓高速閱讀法成爲你的強力援軍。

順帶一提，要記住內容，睡眠必須充足，就算記得很多內容，也最好別在熬夜之後去考試會場。

銀髮族可透過高速閱讀法挑戰新領域

就一個愛讀書的人來說，有時候眞的會在讀完一本書之後，覺得「眞是浪費時間」。

有些人會因此覺得失落，尤其對銀髮族來說，更是切身之痛，因爲就平均壽命來看，銀髮族剩下的時間應該比正值壯年的四十～五十歲還少。

我有位銀髮族的朋友曾經如此感嘆：「退休後，因爲有了許多空閒時間，所以我決定讀讀西洋史的書。歷史不是有很多戰功輝煌的英雄嗎？讀了很讓人熱血沸騰吧？可是我讀的那本書只是平淡無奇地陳述歷史，讓人怎麼讀也無法心動。讀到第三卷的時候，我心想，接下來應該會越來越有趣吧，所以耐著性子繼續讀，結果居然不如我預期，我就放棄不讀了。」

順帶一提，那套歷史書共有十二卷，對銀髮族而言，眞的是浪費金錢，又浪費時間的事。

身爲愛書之人的我，恨不得能早點與這位銀髮族朋友認識。

「大腦操作手冊」的意思。

不過若是講座換了另一名講師，還是有人可以飛黃騰達嗎？

就算模仿別人行爲，提升溝通能力，要在職場的第一線或是教育現場實踐這個方法，還是非常困難。而且就算是完全模仿別人的行爲，也不代表你就會因此出人頭地。

高速閱讀法也是一樣。

換言之，重點在於「如何依照你的目的或環境活用這項技術」。

什麼才是重要的？該將焦點置於何處？

要讓讀書這件事變得有用，就必須思考上述這兩個問題。

有目的地讀書，就會知道該讀到哪些內容，也會知道該放棄哪些內容，也會知道該如何運用讀到的內容，而且連接下來該採取的行動也會變得明朗，讀書這件事才能眞的變成你的武器。

如果目的不夠明確，就無法根據目的記住內容。就這點而言，準備實踐高速閱讀法的時候，必須先釐清讀書的目的。

要進一步說的是，在這個人大多數都有可能活到一百歲的長壽時代，必須思考該如何有效率地提升自己的價值。

爲此，必須先取得提升自我價值的武器，也就是利用高速閱讀法閱讀，再將讀到的知識直接轉化爲行動力的方法。

這種提升自我價值的方法，將成爲編織美好未來的力量，你也才有機會達成你的人生目標。

第二章

達成高速閱讀的超級閱讀法

01 閱讀前的小準備，可讓速度大幅提升

將讀書的「目的」寫成白紙黑字

高速閱讀法的最大特徵在於可快速閱讀，又能牢牢記住內容。那麼要徹底學會高速閱讀法必須準備什麼，又該如何閱讀呢？該如何使用大腦也是非常重要的部分。

第一步，從「事前準備」開始。

要讓大腦記住書中內容的事前準備分成好幾個階段，其中最重要的，也是最

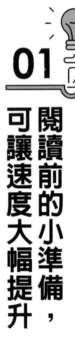

該在一開始執行的，就是「釐清目的」。

大部分的讀者都想快速閱讀，卻常常是在漫無目的的情況下開始閱讀，但這麼一來，書籍就無法成爲你的夥伴。

對於同時經營三個集團，身兼企業家、投資家、腦科學研究家、作家、大學客座講師的我而言，書籍是生意夥伴，更是讓我有勇氣、方法與機會達成目的的工具，也是最強的武器。

具體來說，如果你接下來打算創立公司或投資股票，就可爲了學會這些方法與尋找投資機會讀書。

不過，大部分的人都沒有明確的人生目的或願望，所以就算是專心地快速閱讀，最終只能說出「這本書不錯」「這本書很糟」的書評，所以也記不住這些書的內容，也無法透過書中內容開創人生。

你的目的或願望明確嗎？

準備好了嗎？接下來要直搗黃龍了。

要透過閱讀開創人生，就是要了解閱讀的最大秘訣。

所謂的秘訣，就是在一開始「先釐清目的與課題」，這是讓大腦成爲夥伴的重要步驟。

雖然跳過這個步驟還是能執行下個步驟，但是效果會大打折扣，人生也不會產生任何變化。

這個步驟其實並不難，如果你沒有設定過目的或願望，不妨依照本書介紹的方法設定看看。

首先，不需要固定閱讀某一類的書。

應該說，不固定閱讀某一類的書，更能平心靜氣地細數自己的目的。

接著是在筆記本，或是你平常使用的手冊的空白之處，寫下第三章介紹的輸出筆記，這個空白的部分可以寫下你現在想要達成的目的、願望、煩惱的課題或是想得到的工作技巧或職位。

目的或願望可以寫到五、六個，接近二十個也沒關係。之後以高速閱讀術閱讀時，不管是心理學、行銷、歷史或佛教這類宗教書籍，你的大腦會自動找出有用的內容，輸入更多的資訊，讓讀書這件事變得更有用。

這種設定「高速閱讀的目標（Flagship）」或是有目的地閱讀，是非常重要的事。

目的決定後，自然就知道要讀什麼書

「該選什麼書才好？」

每當我聊到這些事情，總會有人問我該選什麼書。其實只要設定了目的與願望，大腦就會自動開始追蹤，就跟戰鬥機的導彈一樣，想要快速抵達目的地，所以就算是原本隨性閱讀的人，也會想問這類問題。

基本上，請根據自己的目的或課題選書。

舉例來說，你想投資股票，卻不知道該如何下手的話，可先寫出目的、願望或想解決的課題；如果不知道怎麼帶小孩，不妨寫下自己的理想，或是想將孩子養育成什麼樣的大人。

之後只需要去有一定規模的書店閒逛即可，將要解決的問題寫在紙上，大腦就會自動幫忙找出解決問題的書。

大家可知道「彩色浴」這個心理效果？

明明平常不太在意紅色，但某天早上的新聞報導，你今天的幸運色是紅色的話，你就會特別注意街上的紅色，就連上班或是去書店，都會特別注意紅色。

敝公司也非常重視釐清目的或課題的步驟。

當年輕員工晉升爲部門負責人或專案負責人之後，有件事我一定會先做。那就是請他來面談，讓他聊聊他心目中的負責人，也順便看看這位年輕員工的特徵，聊聊兩者之間的落差。

不管是哪位員工，都一定有其優點與缺點，我會讚揚優點，也會告訴他，我希望他學會哪些技巧，或是希望他改掉哪些缺點。

比方說，大致會是下列的流程：

「你想成爲什麼樣的負責人？」

「我希望成爲鼓舞員工，交出漂亮數字的負責人。」

「所以你覺得自己有什麼不足嗎？」

「我覺得自己不夠了解數字。」

「再列出三個看看。」

「設定目標的能力吧。我不知道該設定什麼目標。之後也要學習怎麼管理部下……」

像這樣在一開始讓員工釐清自己的目的，給予員工應解決的問題，然後請他把每個問題寫在紙上，再慢慢地將課題拆成小課題。

或許連他自己都沒發現，之後大腦會自動追蹤與目的或課題有關的內容，例如會很注意商業雜誌專欄的相關報導，或是在談生意的時候，記住感興趣的詞彙。

我想每個人或多或少都有類似的經驗吧。

人就是會像這樣，自然而然地找出與自己的課題或目的有關的內容，而高速閱讀法，就是應用了這種原理。

假設你經營了指甲沙龍或咖啡廳，卻不知道該如何利用部落格或Instagram開發客人，此時該如何招攬客人就是你的課題。

在這個狀態去逛書店，就會產生彩色浴效果。找出適合自己閱讀的書籍，開始閱讀之後，大腦會自動跳過與「招攬客人」這個目的無關的內容，快速檢索解決問題的方案，你的讀書速度也會跟著變快。

高速閱讀法的主角不是書，是你自己

這就是使用高速閱讀法的大前提。不把目的寫成白紙黑字，就無法利用高速閱讀法創造成果。這步驟看似枯燥，卻非常重要。

現在你需要的是將「達成目的、解決問題的知識」放進腦中的高速閱讀法，不需要將書中所有的內容放進大腦。

請記住，高速閱讀法的主角不是書，是你自己，千萬別忘記這個前提。

02 【高速閱讀第一回合】如何在十五分鐘內閱讀一本書？

高速閱讀法就是在三十分鐘之內，閱讀一本書三次的方法

在此，先再度確認一次。

所謂的高速閱讀法就是在三十分鐘之內，閱讀一本書三次的方法。第一次在十五分鐘之內閱讀完畢，第二次在十分鐘之內，第三次在五分鐘之內，這是模式①的閱讀方式。

這裡的設定爲閱讀兩百頁的書，所以就速度而言，希望能在五秒之內閱讀一

頁，兩百頁的書就只需要十五分鐘閱讀，三百頁的書則以二十五分鐘閱讀完畢爲目標。

那麼，該如何將閱讀時間分成三次呢？

腦科學已經證實，利用零碎的時間閱讀，比一口氣讀完整本書更能記住內容，若是第一次到第三次是在不同的地點閱讀，所謂的分散效果會更好。

此外，之所以設定爲「十五分鐘」，是因爲人類最多只能專心十五分鐘，所以閱讀比較厚的書，就該依照專心程度調整閱讀節奏，以及適當的時間休息。

在十五分鐘內讀完第一遍的「火箭發射式閱讀」

開始閱讀之前，請先準備碼錶或計時器。

我在閱讀的時候，總是使用免費的智慧型手機「時間管理」App。軟體的功能不用太多，我常用的是按下按鈕就開始計時的軟體。

爲什麼要設定計時軟體？主要是比較容易專注，也比較有成就感，也很輕鬆地管理「紀錄」。

快速閱讀的秘訣在於專注力，專心閱讀可活化大腦，達到最佳的閱讀效率，也能有效率地記住內容。

不知道大家是否有過一邊想著別的事情，一邊閱讀，結果只有眼睛掃過文字，大腦什麼都沒記住的經驗？

雖然專心閱讀很重要，但不用學習什麼腹式呼吸或丹田式呼吸法，也不需要透過速讀教的瞑想法訓練自己的專注力，因爲有每個人都能輕鬆提升專注力的方法，也就是我接下來要介紹的「火箭發射式閱讀」。

一旦強制設定開始與結束的時間，專注力就會在這段期間內大幅提升，這就像是體育比賽或考試一樣，大腦會在規定的時間內集中注意力，將意識集中在某一點。

能創造相同狀況的，就是利用計時器計時的火箭發射式閱讀。

請試著定好計時器的時間，再將計時器放在眼前的桌子上。此時是不是突然覺得很著急？要發揮專注力，建議將計時器定在十五分鐘。

在按下計時器按鈕之後，由於得在十五分鐘之內讀完，所以專注力不會因此渙散，這就是「火箭發射式閱讀」。

記錄自己的讀書時間也能獲得成就感，讓自己期待下次繼續閱讀。

要讓高速閱讀法成爲一種習慣，不一定得使用倒數計時的方式，使用一般的計時器測量每次的讀書時間即可，如此一來，專注力也會大幅提升。

坐到位子上，同時按下計時器與專心閱讀

在開始閱讀時，我有一件特別注意的事，那就是盡可能降低閱讀的門檻。

一般來說，大家在開始閱讀之前，都會做什麼事呢？

就算是爲了讀書去咖啡廳，也很可能是入座後，先滑滑手機，看看新聞，或是確認一下行程表吧？

接著就是回一下工作或私人的電子郵件，心情也可能隨著郵件的內容起起落

落對吧？

像這樣在心情起伏不定的最後才開始讀書，當然會沒時間，也沒心情讀書。

爲了避免自己這樣，我有一個固定的閱讀流程：那就是將書放在眼前。

一坐下就從包包拿出書，放在桌子上，可以的話，我甚至會直接啓動計時器軟體，立刻開始進行高速閱讀法，不讓其他的誘惑有機會干擾我。

人的意志（will）比想像中還要脆弱，任何阻礙都會消耗我們的意志力。

爲了避免意志力被這些雜務消耗，要事先排除閱讀之前的任何障礙，可以的話，最好沒有任何障礙。

伊利諾伊州立大學曾做過一個實驗，實驗內容是受驗者傾向拿有包裝的零食，還是沒有包裝的零食。

實驗證實，人類傾向拿沒有包裝的零食，哪怕包裝只有薄薄一層。

換言之，人類就是禁不起誘惑又討厭麻煩的生物。

不需要讀目錄

大部分的速讀術或閱讀法都會鼓勵細讀「目錄」，喜歡讀書的人，大概都有這種先讀一遍目錄的固定流程。

但是長年使用高速閱讀法的我，卻覺得「讀目錄眞的有用嗎？」細讀目錄，的確可事先了解內容的安排或章節的構造，也有助於速讀與了解書中內容，這也是爲什麼上述這些方法鼓吹細讀目錄的理由，大部分的人也認爲，這是非常有道理的方法。但其實這也是多餘的步驟。

大家知道我的意思嗎？

只要有清楚的目標，其實是不需要閱讀目錄的。

許多速讀的書都教讀者「記得閱讀目錄」「之後要閱讀結語」，如果相信這一套，其實只會浪費時間。

因爲，目錄裡的大標題與小標題，全部都已經寫在書裡。只要開始閱讀，自然而然就會讀到目錄裡的內容，所以刻意騰出時間閱讀目錄，只會浪費時間與精力而已。

那麼爲什麼書店裡有那麼多速讀書主張「目錄很重要」呢？其實只是因爲要讀者先綜覽全書內容，才能夠一邊預測、一邊閱讀內容。

事先了解內容或主旨，找到粗略的重點後，接著就是讓眼睛不斷轉動，了解書中內容。簡單來說，就是爲了要完成上述這一連串的動作，才要求讀者先閱讀目錄，也就是要找出這本書的主旨，就先從目錄開始閱讀的意思。

但是，若從一開始就知道要怎麼在自己的人生活用書中的內容，也會將重點寫在 Output 筆記本或手帳本，就不需要閱讀目錄了。

大家不覺得從別人編撰的目錄找出自己讀這本書的目的或主旨，是在把主控權全交給別人嗎？

若真的想隨自己的心情讀書，第一步是先把目的寫在紙上，之後再依照該目的閱讀。

高速閱讀法基本上是跳過目錄的，我也都不讀目錄，如此一來，就能縮短開始閱讀之前的準備時間。

基本上，結語也不需要閱讀

接著要聊的是「結語」這個部分。

一般來說，結語有作者的各種結論，所以有多到難以想像的閱讀術主張要在一開始就閱讀結語。

有時候，我們的確能在「結語」找到解答，但大部分的時候都不是這樣。

基本上，結語都是作者以口語語氣補充的內容，或是簡單的摘要，所以與內文重複的內容非常多。

我覺得，這類與自己的目的無關的內容，連稍微讀一下都不用，可以直接跳過。

作者的自我吹噓或對親朋好友的感謝也不用閱讀，因爲不閱讀這個部分，一樣能了解書中內容。

一般人可能會忍不住閱讀，但我一讀到「感謝撰寫本書之際，給予諸多照顧的顧問公司的田中先生」，就會毫不猶豫地略過不讀，連讀或不讀都不需要多想。

只要自己的目的或願望明確，自然而然就會如此。

不過我希望大家不要誤會的是，作者寫這些當然是件好事，被提到的人也應該會很開心，所以我的著作也會有獻給員工的謝辭，只不過，作者的這些感謝，並不是對「你」說的。

這些謝辭的對象應該是在背後默默支持作者寫書的老婆、小孩，或是大力關照的編輯或友人，所以你根本沒必要閱讀謝辭。

如此一來，在真正開始使用高速閱讀術之前，已經先排除了十幾頁無用的內容。

沒有閱讀價值的部分可快速略過

讓我們繼續加足馬力介紹吧，這次要談的是插圖與圖表。

基本上，插圖與圖表都是內文的補充資訊。

請試著閱讀本書的圖表（參考四十八頁）。大家覺得如何？圖表的文章與內容幾乎一致吧？這是因爲插圖或圖表的內容多是內文的摘要，所以當然會幾乎一致。

我無意全面否定插圖或圖表的功能，因爲圖表能幫助我們快速了解工作流程或是困難的公式，但若你只閱讀內文就能完全了解內容的話，跳過插圖或圖表也無傷大雅。

透過圖解確認已經了解的內容，是無法進一步理解內容的，有些種類的書甚至可先排除掉三分之一的內容再開始閱讀。

聽到這點，或許有些讀者會有點驚訝，但要實踐高速閱讀法，就必須不斷判斷是否是値得一讀的內容。

這雖然是非常重要的一點，但覺得書裡的一字一句都很重要的人，總是會忍不住讀完每一個字。這也是爲什麼能釋放大腦所有潛力的高速閱讀法，需要在閱讀之前先設定目的與願望的最大理由。

目的越明確，越不會覺得每個字都很重要，越能分辨不需要的內容。

先決定什麼重要，什麼不重要，才能讓大腦的記憶力發揮到極致，而且讀得比任何人都輕鬆與快速。

在閱讀前，先讀一下封面與書腰

應該有些人覺得，略過目錄就無法掌握全書的樣貌，也有可能無法判斷哪些內容比較重要，但其實這類擔心是多餘的。

我發明的高速閱讀法也有綜覽全書樣貌的事前準備。

話說，我都以什麼樣的流程讀書呢？

我通常是以十分鐘完成第一回合的閱讀。

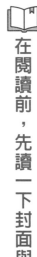

首先閱讀的部分是書名，接著是書腰，以及書腰背面。

讀完封面與書腰背面後，大致上就會知道接下來會讀到哪些內容。單是閱讀這些部分，就等於閱讀了目錄，甚至是吸收了目錄沒有的資訊。如果有任何符合邏輯的理由可證實這點，希望大家能告訴我。

此外，我還有另一個獨創的事前準備步驟：那就是閱讀封面的折口（封面折進去的部分）。

封面折口就是翻開封面後的右側部分，這部分與書腰類似，都是編輯希望透過簡單的幾句話，讓讀者了解的重點，而且通常都只有幾行字而已。只要依序閱讀這些部分，就能大致理解這本書的內容以及價值。

這邊也可能寫著作者簡介。

我不會漫無目的地讀著那一排排的文字，而是仔細確認作者的經歷，這樣能夠了解作者的背景與作者寫這本書的目的，也能了解作者重視的事物，也就能更快了解書中的內容。

不管是書腰還是封面，都是專業的編輯曠日費時編寫的部分，有時候則是在業務或總編的挑剔之下才整理出來的重點，所以有可能是全世界最易懂、最能客觀呈現書中內容的幾行字。

開始閱讀內文之前，先確認這些部分！

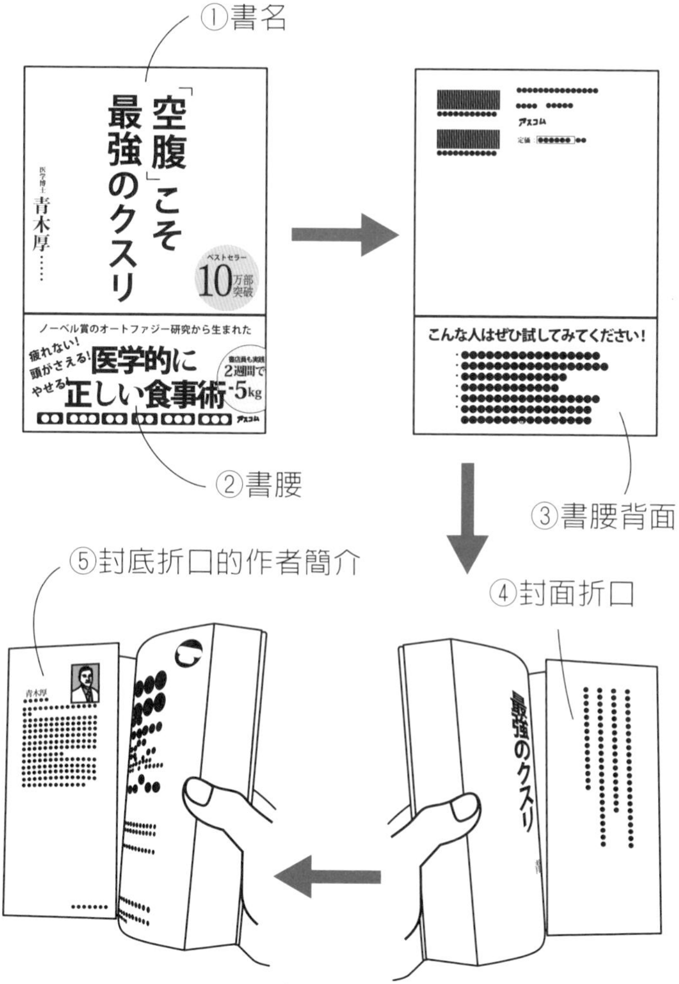

編輯備註：折口可分為封面折口及封底折口，即為上圖的④跟⑤的部分。依各出版社習慣不同，封面跟封底折口也有可能放入其他書籍廣告、作者簡介、版權等不同內容，可以前後翻找一下。

第一回合的秘訣：不重讀文字

接下來就傳授大家以高速閱讀的秘訣。

第一回合的閱讀，要訂在十五分鐘之內結束。熟練之後，應該能像我一樣在八分鐘之內讀完一本書，但在此之前，請先將目標設定爲第一回合：十五分鐘、第二回合：十分鐘、第三回合：五分鐘。

等到能在十五分鐘之內讀完一本書，本書介紹的模式也大概都學會了。

第一回合算是入門階段，所以前提是快速閱讀，並且在不重讀文字的情況下了解內容。

只是以原本的方式閱讀，應該很難達成第一回合的目標，所以下一節要開始紹高速閱讀的技巧。

我不曾爲了提升閱讀速度而去過速讀補習班上課，雖然我現在已經能八分鐘讀完一本書，但我還記得剛開始練習高速閱讀法的時候非常辛苦。

不過大家已經不用這麼辛苦了，因爲我費盡苦心，耗費大量時間才學會的高速閱讀法，大家可透過本書學會。

高速閱讀技巧①：要重視的只有「逆接的接續詞」

其實大部分的接續詞都可跳過，惟獨有些特定的接續詞需要注意，那就是逆接的接續詞以及說明理由的接續詞。

若能選擇性地了解這類接續詞，就能一邊預測接下來的內容，一邊往下閱讀，也能了解作者的主張或是整本書的構造。

高速閱讀之際，需要特別注意的接續詞：

□逆接的接續詞　話說回來、可是、但是、只是、反觀

□理由的接續詞　也就是說、因爲、總括來說、如此說來

「話說回來」「可是」「但是」「反觀」這類連接句子的接續詞稱爲逆接接續詞。

逆接接續詞的用途在於否定前面的句子，闡述新論點，後面的內容往往藏著作者的重要結論。

同樣重要的是闡述理由的接續詞，接續詞之後的內容往往是作者基於己身想法與經驗整理的重點，而這些重點也是撐起筆者主張的重要內容。

換言之，「逆接（話說回來）→筆者的重要主張或結論→理由（也就是說）→整理過後的主張」是書籍的常見流程。

高速閱讀技巧②：閱讀結論

不管是什麼書，筆者想說的通常只有一件事。

「哪有這回事，我現在在讀的書，作者就提出三個主張！」

或許會有人如此反駁，但其實這主要是結構問題。大部分的書都是有一個主張，搭配三個論點，或是需要注意的最多五個重點而已。

換言之，不論是什麼書（小說或日記式的散文不在此限），只要找出作者的主張以及從主張衍生的論點，就能大致了解內容。

不管是什麼書，筆者的主張都只有一個

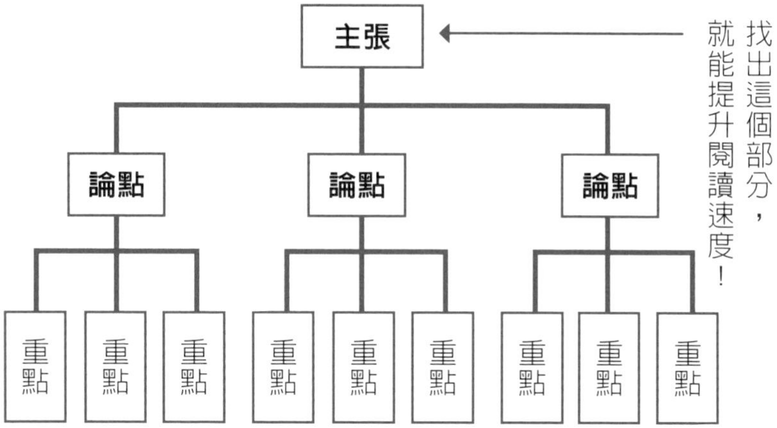

要能快速找出主張與論點，就要使用接下來要介紹的「閱讀結論」。

這是我根據顧問經驗發明的閱讀法。顧問必須先說結論，而且說明必須簡潔。

我常要求員工「在心裡默唸『先說結論』這句話，再開始說明內容」，這也是從事顧問一職的基礎訓練。

不可思議的是，新進員工也能從結論開始說明。雖然只在心中默唸，大腦卻會被這句話影響，習慣從結論開始說明。

同理可證，若一邊在心中默唸「所以結論是？」一邊閱讀，大腦會自然而然地將重要的內容與不重要的內容分開來。

作者要說的事情到底是什麼？一如前面的接續詞所述，主張與結論的位置幾乎都是固定的，要找出主張與結論也不是太困難的事。

□筆者想說的事情「所以結論是？」（結論）
□撐起「結論」的論點或重點如何安排？（結構）
□根據結論了解結構。

只要閱讀的目的明確，就會在使用「閱讀結論」這項技巧之後發現，有一半的內容是可以跳過不讀的。

不符合目的的內容可跳過不讀，讓有必要的內容留在腦袋裡就好，然後把時間留給計畫與行動，所以我才能快速地讀完一本書。

我就是在發現這件事之後，一邊在心中默唸「所以結論是？」一邊尋找結論，才能如此快速地讀完一本書。

第一回合閱讀時，可折頁角作為標記

順帶一提，我讀書的時候，非常喜歡折頁角做標記，遠勝於以便利貼標註頁面。只要讀到重要的頁面，我就會把該頁的頁角折起來。

若問我折頁角有什麼好處，首先要提的就是「不需要額外的道具」這點。不用額外道具這點是絕對的好處，原因是便利貼貼久了會不黏。我的包包有時候會放兩、三本書，偶爾會在包包的底部發現細長的便利貼，這應該是書本跟書本互相摩擦才脫落的吧，但我又不可能把便利貼再貼回同一個位置，所以用折頁角的方式取代。

折頁角的另一個優點，是可從折起來的頁角數量一眼看出「這本書對於我的目的或願望有多少幫助」。越是重要的書，越有很多折起來的頁角，相較之下，厚度也會比頁數相同的書厚很多。

學會高速閱讀法後，你擁有的書會像堆雪球般直線往上增加，所以最好能在一開始，就找出一套讓自己能一眼判斷書籍價值的方法。

03【高速閱讀法第二回合】用藍筆做記號閱讀，記住書中內容

利用雙重技巧，閱讀折了頁角的頁面

利用十五分鐘完成第一回合的閱讀之後，接著要進入第二回合的閱讀。

建議隔一段時間再開始第二回合，而且最好選在與第一回合不同的地點閱讀，才能透過分散效果記住書中內容。

即使是沒讀過類似的書，也請在十分鐘之內完成第二回合的閱讀。請大家放心，經過第一回合的閱讀，大部分的人都能掌握書中全貌，也已經知道折起頁角的頁面有一些重要的內容，所以第二回合只需要閱讀折起頁角的頁面。

常見的速讀術，是利用重複閱讀同一本書的方法加快閱讀速度。

某位經營公司的朋友告訴我，樂天的三木谷是一位樂讀家，讀一本書的速度之快，常讓周圍的人爲之驚訝。我想他的讀書速度之所以這麼快，全是因爲他讀過太多書，所以能瞬間了解書中的內容。

其實閱讀語氣相同的書籍也是一樣。比起第一次閱讀，第二次一定更熟悉書中的內容，也能讀到更多資訊，即使是經營或人事這類複雜的組織學書籍也一樣。

去年《重塑組織》這本外文翻譯書非常流行，記得總頁數接近三百頁，不管是誰，應該都得花點時間才能讀完。

不過，只要曾經花過一些時間閱讀組織學的相關書籍，以及曾在人事部門服務或有擔任管理職的經驗，應該就能觸類旁通地閱讀這類書籍，閱讀的速度也會大幅提升。

同理可證，第二回合的閱讀可利用前方九十九頁提到的兩個技巧重新閱讀，讀了一遍就了解內容的書籍，可以再次確認書中的內容。

在這種雙重效果之下，閱讀的速度將出乎意料地提升。

活用情節記憶！「用藍筆做記號閱讀」的技巧

進入第二回合的閱讀之後，不需要閱讀所有頁面，只需要閱讀折起頁角的頁面，以及前後頁的內容，讀懂第一回合無法理解的部分即可。

我自己的情況，是在第二回合的閱讀了解全書七十％的內容。假設讀完一次之後，知道剩下的部分不需要閱讀，我會毫不猶豫地割愛。

爲了讓書裡的菁華留在腦袋裡，我會針對重要的頁面讀兩次，此時我建議的閱讀方法，就是「用藍筆做記號」。

或許大家不知道「用藍筆做記號」的意思是什麼，但其實這是已經得到腦科學證實，能有效記憶書中內容的閱讀術，接著爲大家具體介紹這個技巧。

有些人的閱讀習慣是盡可能讓書保持全新的狀態。

這當然跟個性有關，我的某些員工也習慣不在書裡畫線做記號，尤其年紀較長的人更是習慣讓書保持全新的狀態。

假設之後要賣掉這本書，這習慣或許不難理解，可是這種閱讀習慣其實有缺陷，那就是很難記住內容。

無法記住內容的書對你的人生幾乎沒有任何幫助，只會讓你白白浪費時間，無法回收任何好處，我稱這種現象爲「無法將書中內容安裝至你的大腦」。

這種現象尤其常見於習慣讓書籍維持全新狀態的人身上。但這又是爲什麼呢？答案是頁面越是維持乾淨，越代表閱讀時，沒有其他附加的動作。

然而，大腦比較能記住具有喜怒哀樂的事情，所以邊讀邊有「咦？」「原來如此」的情緒，會比較容易將書中的內容移植到腦裡，這種現象在腦科學稱爲「情節記憶」。

這現象藏著我建議大家使用藍筆做記號的祕密。

將情緒原封不動地投射到書籍，創造情節記憶

爲什麼要用藍筆做記號？因爲將所見所聞寫成帶有情感的文字，知識就能轉化爲大腦的情節記憶。

目前已知的是，人類過去的記憶不會完全消失，而是存在大腦的某個角落。

一般認為，光是大腦就消耗了二十五%維持生命所需的能量，這代表大腦若要儲存所有記憶，就得大量消耗的熱量。所以過去的記憶會存在大腦的深處，只在有必要的時候拿出來。

例如抵達露營地之後，突然想起小時候在露營地吃過的咖哩或是咖哩的料理方法，這就是大腦將平常用不到的記憶收在深處的現象。

抵達露營地是啓動記憶的開關，而過去的記憶則隨著情節浮現。這跟看到充滿歡樂的水肺潛水海報，就想起海牛或藤壺這類名詞是一樣的情況，這些記憶會被喜怒哀樂這些情緒觸發，自行連結成腦中的情節。

被認為記憶力高人一等的人，不是因為大腦的規格優於常人，只是很擅長以腦科學的方式建立記憶的觸發點，以及習慣利用情節記憶背誦而已。這也是經過腦科學證實，最先進的記憶術。

能利用這種機制閱讀的方法，就是「用藍筆做記號」。

寫在書裡的文字會轉換成記憶的觸發點，同時烙印在大腦裡。如果是帶有情緒的文字，更容易轉換成情緒記憶。

不講方法，只一味地閱讀，是無法記住書中九成內容的。必須像這樣透過技巧閱讀，才能讓大腦記住大部分的內容。

為什麼「藍筆」是最佳選擇？

其實選擇藍筆也是有意義的，每種顏色可對大腦給予不同的刺激，留下不同的印象。

比方說，白色給予信賴感，紅色則有激發亢奮、熱情的特性。聽說我很愛去的「餃子的王將」將招牌改成橘色後，業績成長了好幾倍。這是因爲暖色系的顏色有助於提高食欲。

那麼藍色又對大腦造成何種影響呢？

藍色有助於提升思考力與分析力，也被認爲能有效提升記憶力。再者，書籍的文字多是黑色，若使用黑字做記號，很有可能分不清哪邊是記號，哪邊是文字，但改用紅色又太花俏，會干擾閱讀，我才決定使用藍筆做記號。

寫得亂七八糟也沒關係！印象深刻的筆記有助於記住書中內容

以藍筆做記號的重點，在於盡可能賦予文字情緒。

這是因爲在第一回合讀到「可於撰寫企畫書的時候使用」「明天分享給部下」的內容，後也有可能忘得一乾二淨。

人類是健忘的生物，所以要在第二回合的時候，利用藍筆標記第一回合的重要內容，幫助自己牢牢記住這些內容。

所以不要只是用藍筆畫線，還要在旁邊寫下「要跟部下田中分享這句話！」「在談生意的時候利用這套心理學，激發所有業務員的士氣！讓業績增加十倍！」如此才能留下深刻的印象。

讀到這裡，大家覺得如何呢？

調整寫筆記的方法，就是能帶來如此不同的改變。大家不覺得寫下當下的心情，就能立刻了解當下的感受嗎？

之後重新閱讀時，只要看到重要短文旁邊有這些註解，就能立刻了解當時爲什麼在這裡畫線與留下註解的理由。更棒的是，這些內容都將轉化爲情節記憶，輕鬆地存入大腦裡。

承上所述，要實踐高速閱讀法，就必須使用藍筆寫筆記，所以不適合運用在圖書館借來的書。

書籍是人生的夥伴，所以才要自己買，然後盡情地用藍筆在上面寫筆記。

04【高速閱讀第三回合】改變人生的 Output 式閱讀

一邊思考藍筆註解的 Output 方法，一邊閱讀

第三回合的閱讀該如何進行呢？

第三回合的所需時間大概是五分鐘，就我的情況來說，需要繼續閱讀的部分爲整體的一成左右。

此外，我不會所有的書都讀三遍。內容較少或是已經印象深刻的書，通常只讀兩遍。所以就算之前已經讀了十本書，到第三回合，大概只剩下三本書的內容要讀。

到了這個階段後，誰都會希望書中的內容能夠實際轉換成人生的養分，或是能立刻在職場應用，也有可能想與部下分享這些內容才對。

這代表這本書已經超越速讀的範疇，是一本有助於達成目的或願望的書。這類書很可能改變你的人生，所以要針對這本書，執行第三回合的高速閱讀法。反之，速讀不過是篩選出這類書的手段。

第三章會介紹所謂的「Output 筆記」，而這個階段的書就是值得寫進這本讀書筆記的書。

簡單來說，Output 筆記本就是用來記錄書中知識與對應的具體行動。

第三回合的 Output 閱讀是以之後會寫進 Output 筆記本爲前提，主要的流程是一邊思考「從書裡讀到的知識該怎麼與後續的行動連結」，一邊用藍筆將這類內容寫進書裡，其中沒有任何困難的步驟。一如一一〇頁的介紹，可將「想把這個內容分享給〇〇」，或是「想在下週的簡報使用這個方法」這類具體的內容寫在書裡。

其實這個步驟花不了太多時間，只要花個五分鐘，讀一讀 Output 筆記本的內容就夠了。

這本書已經讀了兩次之外，你也應該很熟練「重視逆接的接續詞」及「閱讀結論」的技巧了，而且在第一回合執行的「折頁角」應該也很有用，以藍字寫的註解也能讓你立刻想起哪些內容很重要才對。

所以就算摘錄的內容很精簡，依舊能快速觸發情節記錄，讓你想起當時寫這些內容的心情，這也能幫助你記住這些內容。就算有好幾頁的內容，大概也只在十～二十頁左右。讀得快的人，說不定能在一分鐘之內讀完。

05 高速閱讀法的模式②也有助於記憶教養書與參考書

這種方法適合不擅於專心閱讀的人

高速閱讀法也有稍微變形的「模式②」。

到目前爲止，介紹了在不同的時間，專心閱讀一本書三次的方法，但應該有些讀者連十五分鐘也無法專心，或是有些書的內容太難，沒辦法以高速閱讀法的速度讀懂。

比方說，編年體格式的歷史書或學校的參考書，就很適合以變形模式閱讀。

此外，也很適合考生或準備證照考試的人。

接著就為大家介紹實踐模式②的方法，重點共有下列兩點：

・一章讀完後，再重頭讀這章

・每章讀兩遍後，第三遍從頭閱讀整本書

簡單來說，這也是利用三十分鐘讀同一本書三次的閱讀方式，只是閱讀流程稍微不一樣而已。

不習慣專心閱讀的讀者或是遇到內容很難的書，都可透過這種閱讀方式牢牢記住書中的內容。

模式②當然也能使用之前介紹的折頁角的方式標記重要頁面，或是利用藍筆在書中寫註解。

以共有五章的書為例，假設閱讀時間為三十分鐘，大致會以下列的方式分配時間，具體來說，流程大概如下：

・第一章 第一次閱讀（三分鐘）→第二次閱讀（二分鐘）
・第二章 第一次閱讀（三分鐘）→第二次閱讀（二分鐘）
・第三章 第一次閱讀（三分鐘）→第二次閱讀（二分鐘）
・第四章 第一次閱讀（三分鐘）→第二次閱讀（二分鐘）
・第五章 第一次閱讀（三分鐘）→第二次閱讀（二分鐘）
・第三次全書讀一遍（五分鐘）

由於是在不同時間點閱讀每一章的內容，所以共五章的書會分成六次閱讀。也可以分成第一、二章十分鐘，第三、四章十分鐘，第五章十分鐘的方式閱讀，只要是你覺得輕鬆的方法就沒問題。

如果覺得今天不太能專心讀書，不妨試試看這個模式②的方法。

第三章

透過閱讀創造成果！Output筆記本的記錄方法

01 將讀書內容轉換成行動，來寫 Output 筆記本吧！

透過 Output 筆記本，讓閱讀實際進入人生

接著要爲大家介紹寫 Output 筆記本的方法與意義。

或許有讀者會覺得「說到底，Output 筆記本就是讀書心得的筆記吧？」但其實 Output 筆記與讀書心得完全不同，寫法與目的也天差地遠。

讀書心得是隨筆記錄的，或者說成「讀書日記」更加恰當。但 Output 筆記卻是將透過高速閱讀法所得的知識，化爲自身血肉的內容。

不是隨手寫寫的讀書心得，而是讀了書後，該採取哪些行動的方針與提示，

會寫得很簡潔。

聽到「Output 筆記本」，大家有什麼感想呢？

「很難持之以恆地撰寫吧」「寫了一段時間，卻沒什麼效果」或許大家會有這類想法。

假設你實踐高速閱讀法的目的只是爲了快速閱讀，那其實你可以跳過本章的內容。

有些人不寫 Output 筆記本，一樣能將讀到的知識轉化爲行動，或是用來創造工作成果。如果你是這樣的人，就不需要勉強自己寫 Output 筆記。

不過（→這是逆接的連接詞，後面會有重要的論點），若希望牢牢記住書中內容，並依照這些內容在日常生活或職場採取具體的行動或計畫，就還是需要 Output 的「機制」。

之前介紹的高速閱讀法已經充分激發了你的大腦，比起其他的閱讀法，現在的你應該更容易牢牢記住書中的內容。

簡單來說，高速閱讀法的目的在於透過閱讀，實現人生的目的與願望，所以此時的重點在於，要從目的逆推該有的 Input 與 Output。

若是反將閱讀當成高速閱讀法的目的，就是本末倒置了。

別耗費太多時間寫 Output 筆記本

首先要說一個大前提，那就是別花太多時間寫 Output 筆記本。

這個方法是我在經年累月的反覆嘗試下發明的，所以要事先聲明的是，花太多時間在 Output 筆記本，就無法一直寫下去，請大家務必記住這點。

我把書中的重要發現，或以藍筆標註的重點稱為這本書的「菁華」。我認為將這些菁華整理成五、六個條列式項目，最多不超過十個是最好的整理方式。

因此（順接的連接詞），我的高速閱讀 Output 筆記非常簡潔，大概十分鐘就能寫完。再者，寫 Output 筆記能加倍記住內容，也有助於後續執行具體的行動。

讀到這裡，對我產生一些興趣的讀者，應該已經知道我在講什麼了吧。我討厭多餘的事物，所以接下來要為大家介紹不勉強、不厭煩、不浪費的最強 Output

筆記術。

將書的菁華寫成新聞標題般的條列式

要怎麼寫，才能寫出有用的 Output 筆記呢？

要讓閱讀所得化爲實際的成果，就需要擬訂行動計畫以及實際採取行動，這代表只要寫出與行動計畫有關的內容即可。

例如你的目的是在 Instagram 受歡迎，此時若讀了一些有關 Instagram 行銷的書，就會了解上傳這類照片比較有效果，或是寫這些內容可讓追蹤的人分享，產生口碑行銷的效果，而這些就是這類書的菁華。請試著將這本書的菁華寫成十三至二十個字的條列式，作爲這本書的 Output 筆記。

這些菁華將引領你創造成果，你所需要思考的，就是該如何將這些菁華轉換成商機或生活。換言之，行動計畫與 Output 筆記是寫在一起的。

誰都能輕鬆地寫出二十個字左右的條列式資料，而且不會耗費太多時間，也能快速在腦中理清與記憶這些內容，所以能立刻派上用場。

許多新聞的標題都是十三個字，據說這是能一眼看懂，並且分享給別人的字數。而且再怎麼說，字數不多的標題更容易被群眾記住。一旦留下印象，就能形成口語傳播的效果。

十三至二十個字的內容在轉換成口語後，大概三秒鐘可以說完，擅長上台簡報的人或是習慣談話的人，擁有許多三秒鐘就能拿出來說的話題，而這些話題可用來提升談話能力，也能應用於會話。

最糟的 Output 筆記實例

最糟的 Output 筆記就是寫成像作文的格式，不過這可是眞實存在的例子。

我有位朋友 A 爲了培養 Output 習慣，而開始書寫 Output 筆記。某天，他因爲總是記不住這些筆記而跑來找我，希望我幫他看看他寫的 Output 筆記。

當我翻開筆記本，我當場露出錯愕的表情。

朋友 A 的個性非常嚴謹，所以把整本筆記本寫得密密麻麻的，這也充分反映了他的個性。

但我真正覺得不好的並不是這點，而是他把書的內容寫成冗長的讀後感想。總不自覺地將文章寫得冗長的人，思緒通常很紊亂。多餘的資訊也讓人很難記住 Output 筆記的內容。

或許這麼說很冷淡，但無法派上用場的知識既多餘又毫無意義。既然是基於特定的目的或願望讀書，哪怕只是接近一公釐，都應該盡可能接近目標。

可惜對人生一成不變的那些人而言，讀書就是在浪費時間。若不想如此，就必須認眞思考，讀書該如何與人生連結。

你的人生是有限的，若不著手開創富足的人生，時間終將流逝。

光有大量知識，無法在現今這個時代取勝

若問我爲什麼對朋友 A 的 Output 筆記這麼嚴格？答案是現代已是無法單憑知識獲勝的時代。

這種思維非常重要，讓我們從另一個角度說明這點。

透過大量閱讀增加知識的確非常重要，但如今已是點一點觸控面板，就能輕鬆獲得大量影音資訊的時代，尤其二十幾歲的年輕人更是擅於此道，所以光是取得大量資訊這點，已經很難轉化成有用的武器。

如何將取得的資訊轉化為實際的行動，或是用來改變自己，甚至是改變環境，讓這些事與高速閱讀法掛勾可說是非常重要。

就這層意義而言，只將 Output 筆記當成高速閱讀法的一環實在太可惜，應該當成武器使用才對。把感想寫成長篇大論只是白白浪費時間與精力。讓我們正確地記住不該忘的內容吧，而且撰寫這種 Output 筆記遠比傳統的筆記術更省時。

我習慣將方格紙筆記本當成 Output 筆記本使用。

用方格紙筆記本可以很容易地將「讀書的目的或課題」「書名的註解」「內容摘要」「今後的行動計畫」整理成不同區塊，此外，也很方便畫圖或圖表，所以我很推薦方格筆記本。

02 撰寫 Output 筆記的四個重點

傳授具體的實踐方法

接著總算要爲大家介紹具體的實踐方法，撰寫 Output 筆記的重點主要有四個，請逐一確認是否做到：

①寫出讀書目的
②寫出書名與註解
③將內容菁華寫成二十字之內的條列式資料
④將行動計畫或具體行動寫成條列式

簡單寫出 Output 筆記

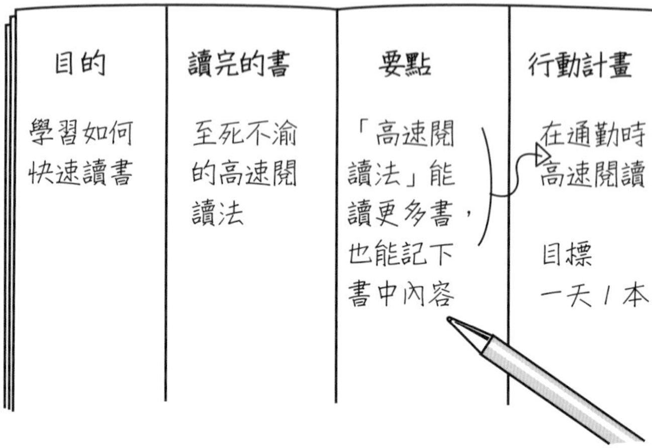
目的
學習如何快速讀書
讀完的書
至死不渝的高速閱讀法
要點
「高速閱讀法」能讀更多書，也能記下書中內容
行動計畫
在通勤時高速閱讀
目標
一天1本

① 寫出讀書目的

讀書之前，務必把閱讀目的寫成白紙黑字，這道簡單的步驟能幫助我們加快閱讀速度。比方說「想改善人際關係」「想在股票市場獲利」「想研究武將的戰略」等。

② 寫出書名與註解

書名當然要寫，日期或讀書時間可寫可不寫。只是寫出讀書時間比較容易得到成就感，也比較容易培養成習慣。

③將內容菁華寫成二十字之內的條列式資料

如果有很多個重點，也盡可能寫成一句，而且不超過這個字數。例如可寫成：

・「常識」總隨著時代改變
・過度的關愛只會成爲包袱
・正義不一定永遠勝利

④將行動計畫或具體行動寫成條列式

根據書中菁華撰寫具體的行動，可寫成：

・「常識」總隨著時代改變→思考新企畫要「跳脫常識」
・過度的關愛只會成爲包袱→與Y稍微保持距離
・正義不一定永遠勝利→別強迫部下接受你的正義觀

將Output筆記轉換成行動

Output筆記最重要的部分，在於撰寫「行動計畫」。只有實現這點，閱讀這種 Input 才能轉換成行動 Output。

請大家翻到開頭十四頁的 Output 筆記，應該會發現「行動計畫」就寫在筆記的右側。

至於爲什麼寫在右側呢？這是因爲水平書寫的筆記右側，是最顯眼的位置。而且翻開筆記後，大部分的人都習慣先從右側看起，所以要把 Output 筆記重中之中的「行動計畫」寫在右側。

接下來的說明有點長，但請大家花點時間看一下。

對你來說，從書中萃取的菁華不過是抽象的內容，尚未成爲你的一部分，感覺上，就是將別人身上的高級西裝修改成符合你身材的西裝而已。

這部分很重要，容我解釋得更具體一些。比方說，你在讀了樂天三木谷社長的書後，想要將書中介紹的工作術應用在現在的工作上。或是建立團體，你會怎麼做呢？

最簡單的方法就是在摘出書中菁華後，將如何運用這項工作術達成工作目的行動計畫，以條列式的格式寫在菁華的右側。

或者你希望成爲聊天高手，讀了相關書籍後，發現很多書介紹許多聊天技巧，此時你不妨將這些技巧整理成 Output 筆記，並在右側撰寫接下來要採取的行動。

將「行動計畫」寫在最引人注目的右側，就能常常看到行動計畫的內容，每看一次，印象就加深一次，所以不會忘記。

當腦海裡時時出現這些計畫，原本抽象的「行動計畫」終將一步步轉化爲實際的行動。到那個時候，Output 筆記就是你的行動計畫集錦，所有珍貴的訊息都寫成條列式，所以能一目瞭然，而且能立刻成爲你的行動方針。

如何讓「行動計畫」與實際行動鏈結？

替所有「行動計畫」訂出優先順序，或是掌握計畫的進度，都能有效讓行動計畫轉換成實際行動。實際上到底該怎麼做呢？

擬好行動計畫後，第一步就是觀察該課題的達成度爲幾分，或是將緊急度轉換成分數，並且在寫筆記本裡。

可以的話，建議以十分滿分的方式替每個行動計畫打分數，如此一來，可更客觀地聚焦在現況。

「這個行動計畫才一分啊，看來自己還不行吧。」

「這個行動計畫有九分了啊，看來我跟作者的程度幾乎一樣了。」

打分數可客觀地列出行動計畫的優先順序。

在先提高分數的行動過程中，這些行動計畫的優先順序也會重新排列成最佳的狀態。

如此一來，就會想早一點擁有書中所寫的影響力，或是想快點提升自己的技巧。優先補強不足之處，讓弱點轉化爲強項也是非常重要的步驟。

這種人或許不需要寫 Output 筆記

即使是高速閱讀法的初學者，也能利用三十分鐘讀同一本書三次。

對於原本得花兩個小時看一本書人來說，這等於多出一個小時半的自由時間，若是原本五個小時才看得完一本書的人，更是節省了四個半小時。

這多出來的時間該做何用處？這個問題非常重要，因爲將這些時間用在發呆或是坐在咖啡廳看風景，是無法讓人生有任何改變的。

所以才需要在筆記本寫出行動計畫，實際試試看書中所寫的內容，或是將這些內容應用在聊天或興趣。換言之，高速閱讀法與實際採取的行動是配套的。

有些人光是讀書，就能立刻徹底實踐書中的內容，他們通常是在平日實踐「Output 後，立刻採取行動」這項習慣的人。

爲什麼他們能如此貫徹行動？那是因爲他們平常就有非常明確的目標，所以不管 Input 的內容爲何，都有助於改善現況以及解決問題。

只是這樣的人少之又少，我一開始也無法做到這點。記得二十幾歲時的我，連成人式都不願踏出房門參加，又怎麼可能做得到這點？所以才需要將 Input 轉換成行動的 Output 筆記。

反過來說，若已經習慣將 Input 轉換成實際行動，就不需要浪費時間寫 Output 筆記。

「讚！」無法改變人生

只需要幾千元，就能讓高手的所見所聞轉換成你該吸收的內容，這些抽象的內容則該轉換成更具體的行動。一旦透過大腦思考與實際動筆將抽象的內容寫成具體的行動計畫，就更能牢牢記住書中的內容。

市面上的速讀書，常推薦你在社群網站或部落格分享讀書心得。但這麼做，能讓你的工作或人生變得更好嗎？

我無意批評在網路分享這件事，我自己也是在 Facebook 與部落格分享每天的讀書菁華。

但同時間，我也是一名經營者。員工也會讀我分享的讀書菁華，所以我等於間接地教育他們，而且這也等於是公司的宣傳。

此外，我本身也是作者，所以想每天分享優質資訊給讀者。這些行爲看似無償，但其實我有想到能得到多少報酬的。

如果沒有任何好處，眞的能一直分享下去嗎？老實說，我對這點很有疑問，因爲持續分享下去，能得到的好處少之又少。

人生會因爲社群網站上的「讚」或是「留言」就好轉嗎？這世上哪有這種免費的午餐。

遇到好書，可多花一點時間 Input

Output 筆記看起來平凡，也不用花太多時間寫，但「凡事都有例外」，有些書是需要多花一點時間與精神寫 Output 筆記的。主要是在下列兩種情況，還請大家參考看看：

腦科學的角度來看，這只是尚未步上正確的思考邏輯。

若能在採取行動之前，先行掌握正確的思考邏輯，技巧就能更臻完美。

模仿達人為什麼能如此近似本人？

雖然聽起來像是題外話，但其實模仿也是這麼一回事。

爲什麼明石家秋刀魚與塔摩利這兩位知名主持人的模仿，總是能那麼近似本人呢？哪怕像是隨堂小考的要求，都能模仿得維妙維肖，大家不覺得這點很不可思議嗎？

其實若從腦部構造來看，一下子就能導出這個問題的答案。

若只是模仿習慣或小動作，是不可能展現專業級的模仿的。模仿的重點在於模仿大腦，也就是模仿想法，若能將對方的思考邏輯安裝在自己的大腦，就能慢慢地掌握對方的想法。

這跟想要學習傳統技術的學徒，從師傅的思考邏輯開始模仿，結果在最短的時間之內成爲師傅的分身是一樣的意思，所以傳統技藝的師傅與弟子才通常會同間接地教育他們，而且這也等於是公司的宣傳。

此外，我本身也是作者，所以想每天分享優質資訊給讀者。這些行爲看似無償，但其實我有想到能得到多少報酬的。

如果沒有任何好處，眞的能一直分享下去嗎？老實說，我對這點很有疑問，因爲持續分享下去，能得到的好處少之又少。

人生會因爲社群網站上的「讚」或是「留言」就好轉嗎？這世上哪有這種免費的午餐。

遇到好書，可多花一點時間 Input

Output 筆記看起來平凡，也不用花太多時間寫，但「凡事都有例外」，有些書是需要多花一點時間與精神寫 Output 筆記的。主要是在下列兩種情況，還請大家參考看看：

腦科學的角度來看，這只是尚未步上正確的思考邏輯。

若能在採取行動之前，先行掌握正確的思考邏輯，技巧就能更臻完美。

模仿達人為什麼能如此近似本人？

雖然聽起來像是題外話，但其實模仿也是這麼一回事。

爲什麼明石家秋刀魚與塔摩利這兩位知名主持人的模仿，總是能那麼近似本人呢？哪怕像是隨堂小考的要求，都能模仿得維妙維肖，大家不覺得這點很不可思議嗎？

其實若從腦部構造來看，一下子就能導出這個問題的答案。

若只是模仿習慣或小動作，是不可能展現專業級的模仿的。模仿的重點在於模仿大腦，也就是模仿想法，若能將對方的思考邏輯安裝在自己的大腦，就能慢慢地掌握對方的想法。

這跟想要學習傳統技術的學徒，從師傅的思考邏輯開始模仿，結果在最短的時間之內成爲師傅的分身是一樣的意思，所以傳統技藝的師傅與弟子才通常會同住一個屋簷下。

希望大家理解，掌握思維，才是 Output 筆記的最終目的。

利用高速閱讀法，將別人的思維複製到大腦裡

基本上，書是由一流的經營者所寫，不然就是在你感興趣的世界嘗試過無數次失敗的人所寫。

讀完這些人所寫的書，再將書中菁華寫成 Output 筆記，並在一旁加註行動計畫，自然而然能模仿該位作者的思考邏輯。

若能順利模仿，不管是管理術還是投資，都能輕鬆地掌握。我所尊敬的活力門（Livedoor）前總經理堀江貴文先生就是這麼想的吧？樂天的三木谷先生也會如此行動吧？

透過高速閱讀法了解這些知名經營者的思考邏輯，也可說是將這些人的思考邏輯安裝到自己的大腦，這不是只會在商場發生的故事。

假設你是不擅長與人相處的人，只要模仿克服了相同問題的作者的思維，應

第四章

用高速閱讀法提升腦力，人生更加豐富

01 同一領域的書讀七本後，誰都能成為該領域的佼佼者

僅僅兩週的高速閱讀，帶你通往異次元

或許得知高速閱讀法全貌的你，正在思考該如何運用這個方法。

只要有明確的目的或課題，你都可利用高速閱讀法將任何領域的書籍轉換成你的知識與武器。

就算一開始是外行人、門外漢，只要透過高速閱讀法閱讀，就能成爲該領域的「佼佼者」。

這可不是什麼痴人說夢。你沒感覺自己還有無限的可能性嗎？其實不管幾歲，

任何人身上都藏有無限的可能性，因爲這世上仍有許多蘊藏中外古今智慧的書籍。

話說回來，要讀幾本書，才能從門外漢成爲專家呢？

聽說世界知名企業顧問兼前日本麥肯錫分公司社長的大前研一，每一年都會學習不同的領域。他曾說，花一年閱讀某個領域的書，就能成爲該領域的專家。

不過，以全世界爲競爭對手的大前先生或許眞的需要精通這麼多領域，但我們不會有這麼多時間，也沒有必要做到這種地步。

我認爲，針對一個主題讀七本書，就能擁有成爲該領域「專家」的知識。

例如，剛被調到其他部門的你，準備學習陌生的「行銷」，所以想要了解行銷的知識、事業成功的秘訣以及可能遭遇的風險。

此時請購買該領域相關的七本書。

以我的經驗來看，該先買的是奠定基礎的兩本書。此時請選擇「插圖較多的書」以及「從零開始學~」的書。讀完這兩本入門書後，大概就能了解該領域的全貌以及常用術語的定義。

接著要購買的是三本能提升運用力與判斷力的中級書。

建議這時候選擇切入角度各有不同的三本書，例如挑選「方法論」「成功經驗談」「失敗經營談」這類主題的書，才能從不同角度得到更全面的知識。若將這些知識整理成 Output 筆記，你的知識量與行動力應該會大幅提升。

最後則是挑選兩本提升專業素養的專家級書籍。

如果只讀完入門與進階的五本書，會有什麼結果？大概就是讓人覺得你很了解該領域而已（從外行人進步到這個程度，也已經很厲害）。

要讓周圍的人知道你在該方面的強項，就必須讀完專業級的相關書籍。所謂專業級的相關書籍並不是內容特別艱澀的書籍，而是內容與你的職業或環境更相似的書籍。

以行銷爲例，你可以依照需求選擇適合的書籍，例如以門市、線上商店爲對象的書籍，或是以法人爲對象的 B to B 行銷書籍。

只要能做到這一步，周圍的人就會覺得你是這方面的專家，擁有相關的必要知識與專業。

請以入門書籍爲地基，進階書籍爲支柱，蓋出專屬歐式或日式建築的感覺閱讀相關書籍。

若是利用高速閱讀法閱讀七本書，大概可在一、兩週之內讀完。

只要一、兩週，就能從外行人變成了解某個領域的專家，並且在工作或生活應用該領域的知識。

只要持之以恆地閱讀，一年後的你，肯定能過著遠比現在充實的每一天。

02 高速閱讀法可幫助我們自然學會現代所需的技巧

強化邏輯思考能力

之所以能強化邏輯思考的能力，是因爲你已經學會以高速閱讀法解釋事物的能力。

如果讀書讀得不清不楚，理不出正確的頭緒，那麼就算是練習邏輯思考術，也無法掌握邏輯思考的方法。要想清楚表達自己的主張與想法，就必須試著將想法轉換成自己的話，久而久之，就能掌握邏輯思考的方法。

高速閱讀法可說是最適合訓練邏輯思考力的方法。就結論而言，你的邏輯思考力會因此成長。

重視 Output，思緒自然會變得清晰。此時必須面對經驗不足的問題或疑問，若要解決這類問題，就會開始「有目的地」搜尋新資訊，整理過後的想法也會讓 Output 更臻完美，Input 的精確度也會跟著提升。

反之，若只是很快的讀完一本書，是無法掌握邏輯思考力的。只停留在 Input 的階段，是無法讓潛意識裡的「想法」或「行動」產生任何改變的。

請務必動手試看看，或是試著以簡單扼要的說明讓別人聽懂你的想法，最終就能透過本書介紹的 Output 筆記得到邏輯思考力。

靈感與創意也會增加

隨時重視 Output，靈感與創意也會增加。

高速閱讀法可強化知識的深度與廣度，所以靈感與創意也會倍增。

所謂創意就是幾個想法的組合，接著再衍生出很多個創意。大部分的創意都是來自不同事物的組合與連結，這世上也幾乎沒有所謂完全原創的創意。
擁有大量的靈感來源，就能讓你的想像力無限延伸。

03 高速閱讀法可提升非認知能力

掌握學校沒教、卻很重要的腦力

我一直希望大家能透過高速閱讀法開拓自己的人生，隨時活得像自己，活得堅強。

可透過閱讀得到的能力包含思考力、執行力、批判性思考與溝通能力，還能得到較全面的知識。

不過閱讀還可以得到另一項非常重要的能力，那就是非認知能力。

所謂非認知能力就是了解「這個人到底在想什麼」或是「到底會發生什麼」

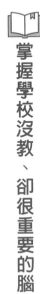

這類難以言喻的部分的能力。

非認知能力也被稱爲預測能力或感知能力，在重視認知神經科學的教育現場裡，這可說是目前最受關注的關鍵字。

能在商場有所斬獲、擅長溝通的人，都擁有絕佳的非認知能力。

利用高速閱讀法讀書，能夠提升非認知能力。因爲說到底，要想提升非認知能力，端看大腦感知了多少資訊。

透過高速閱讀法學會假設思考

我向來認爲假設思考不需要特別花工夫學習，學會高速閱讀法就能連帶學會。爲了自行找出答案而自行挑選需要的書籍，尋找需要的知識，再予以身體力行的知識或體驗，絕對會深深地烙印在心裡，這些知識或體驗將是長伴人生的夥伴。

所以閱讀某些領域的書籍時，我總是會問自己「如果是我會怎麼做」「如果是我會怎麼想」的問題，養成從平日思考課題、尋找答案的習慣。

透過這個習慣累積的能力就是假設思考力，而這種習慣也屬於高速閱讀法的一部分，所以高速閱讀法能幫助我們掌握假設思考力。

04 大量閱讀與採取行動，強化自信

能讓「内心變得強大」的高速閱讀法

多倫多大學或約克大學的研究指出，完美主義者非常害怕失敗，所以往往無法當機立斷，行動力也不足。

要避免這種傾向發生，可寫下 Output 筆記，研擬對應的行動計畫，試著一本書只採取一個行動，試著往前邁進，哪怕前進的距離只有幾公釐也好。

讀完另一本書後，再試著採取行動，讓自己前進幾公釐。持續閱讀十本書後，最初只能前進幾公釐的行動，也會慢慢地化爲大步邁進的行動，害怕失敗的恐懼也就會慢慢淡去。

這種思維雖然簡單，但在腦科學的世界裡，卻是非常重要的步驟。

這種「心理彈性」（resilience），在賓州大學心理學教授塞利格曼博士提出的正向心理學以及行動心理學，都非常受到重視。

這種心理彈性代表的是「百折不撓的內心」。

當我們受到挫折，需要一段時間才能復原，而內心容易受傷的人，會慢慢地喪失自信。沒錯，就像是二十幾歲時的我。

日本學生有九成沒有自信

反觀幹練的業務組長、春風得意的經營者、交遊廣泛、長袖善舞的人，都是很有自信的人。

從這點來看，利用高速閱讀法大量閱讀與採取行動，也能強化自信。

這個沒問題，那個也辦得到，這些事情都知道，這種自我肯定感能提升自信，打造百折不撓的內心，得到心理學所說的「心理彈性」。

這代表持續高速閱讀，可讓你變得更有彈性與靈活，在擁有心理彈性後，也能擁有正面的思考。

這種正面思考其實非常重要，相較於外國人，日本年輕人對自己非常沒有自信，非常容易受挫。

根據資料指出，每十名日本人大概只有一個人敢自認很有自信，而美國人有自信的比例很高，約有七成的學生會形容自己是有自信的人。

透過大量閱讀強化自信在國際之間也是件非常有價值的事。由衷希望各位讀者思考透過閱讀採取行動的方法，強化內心的柔軟度、恢復力與適應力。

05 與過去的自己比較，可明確感受自己的成長

學會面對自己的方法，而非面對別人

回顧高速閱讀法的 Output 筆記能進行水平與垂直的比較。

高速閱讀法能讓我們讀完十本、百本或千本的書。

複習苦心累積的 Output 筆記，能明白「至今累積了多少知識與行動」，比較自己的現在與過去。

大部分的人都習慣與鄰居或同事比較，這是無可厚非的事，我自己也有這個必須反省的部分，但應該有讀者已經知道，我們最大的競爭對手是自己。

爲了了解自己有多行，自己已做到什麼地步，或是自己有多麼快樂，也爲了垂直比較自己的過去與現在，而不是平行地與鄰居或同事比較，就應該翻閱過去的 Output 筆記。

不管成功或失敗，都可寫成 Output 筆記

爲了說得更簡單易懂，就以你的工作爲例吧。

先前已經多次提過，想要透過閱讀在商場有所成就，就必須在閱讀後採取行動，此時一定會遭遇阻礙。而能幫助你越過阻礙的關鍵，就是本書所說的 Output 筆記。

Output 筆記雖然不太起眼，卻是能幫你打破高牆的強力武器。

如果行動失敗，我會以黑筆寫 Output 筆記，如果有新的體驗與失敗，則改以藍筆或紅筆加註 Output 筆記。

如果再加上使用魔擦筆這種可擦掉筆跡的原子筆撰寫，就能隨意加註或刪除

文字。

這麼做的好處在於不管行動是失敗還是成功，都能將所有的新體驗寫在同一本 Output 筆記本。

當 Output 筆記本記錄的不只是書中菁華，還有體驗與失敗後的心得，這本 Output 筆記本已經是你個人的聖經。每次重新翻閱，應該都會得到新的體驗或價值。

所以遇到失敗的時候，我都會在一旁寫下「不錯的嘗試，我很努力了」「又在 Output 筆記本新增一頁紀錄了」，而不會寫下「眞煩」「眞遺憾」這類感想。

若能做到這點，就與保持積極樂觀無關，而是腦海之中只有正面思考。

06 高速閱讀法也有助於兒童的大腦發展

既然要閱讀，當然要採用更有效果的方法

高速閱讀法也能在孩子的教育派上用場。

一般認爲，兒童的大腦成長速度在2歲至8歲最快，這段時間也被稱爲「牙牙學語期」或是「愛問爲什麼期」。

大家都知道這時期的小孩很喜歡一直問「爲什麼？」「爲什麼？」吧？這就是兒童一直在想爲什麼的證據，也是他們熱中於思考與尋找答案的時期，也這正是讓兒童大腦發展的最大秘密。

＊自行訂立計畫。
＊自行尋找方法。
＊自行採取行動。

讓孩子定期執行上述三個步驟，孩子的大腦就會一步步發展，我覺得此時的輔助工具就是高速閱讀法。說得極端一點，高速閱讀法能決定孩子往後的人生。

容我再贅述一次，高速閱讀法並非速讀。需要高度訓練才能學會的速讀不太適合兒童學習，對身體也不太好，但是高速閱讀法除了需要計時器、受時間限制外，就是普通的「讓大腦完全發揮潛力的閱讀法」。

培養高速閱讀的習慣後，孩子便能自行下決定、自行計畫、自行採取行動與創造成果，也能慢慢地熟悉這一連串的簡單流程。

也能因此懂得自律、懂得採取行動，非認知能力也會因此提升，提出假設的能力也會進化，能得到所有對未來非常重要的能力。

懂得自律，未來就容易成功

高速閱讀法之所以對幼兒教育有益，是因爲已有實驗指出，從小懂得「忍耐」，對未來非常有幫助，這個實驗稱爲「棉花糖實驗」。

這個實驗由史丹佛大學心理學家沃爾特．米歇爾主持，參與實驗的人次高達六百人（《忍耐力：其實你比自己想的更有耐力！棉花糖實驗之父寫給每個人的意志增強計畫》）。

在這個實驗之中，用來測試孩子的是甜美的棉花糖。

這是在史丹佛大學指定幼兒園進行的簡單實驗，主要的內容是給四歲的幼兒園學童一個棉花糖，接著讓學童選擇：

「要現在就吃」，還是「等二十分鐘後，可以再得到一個棉花糖」。

這個實驗的精彩之處在於後進行了五十年的追蹤調查。從追蹤調查發現，能在孩提時間戰勝欲望的組別，比起輸給欲望的組別學歷更高，也更肯定自己，抗壓力也更強。

因此得出「要在未來更有成就，能必須在小時候學會控制情緒的能力」這個實驗結論。其實若從其他面向來看，懂得自律的能力在長大成人後，也是能否自我成長與成功的關鍵。

同理可證，高速閱讀法也是從決定座位、克制想玩的情緒、騰出時間閱讀的步驟開始（只是有些人可能會選擇站著閱讀），後高度專注於眼前的文章。

所以高速閱讀法這一連串的流程等於是棉花糖實驗之中「提升自制力」的教育。最終孩子除了能從閱讀之中得到快樂與想像力，還能學會控制情緒的能力。

高速閱讀法當然也能讓孩子自行找到需要的答案，所以也有助於強化孩子的自主性。

所以讓孩子將讀書所得寫在 Output 筆記本後，務必問問他們：「你接下來會怎麼做呢？」「如果有什麼結果，可以講給媽媽或爸爸聽嗎？」

我覺得像這樣定期與父母親複習筆記的內容，對幼兒智育發展非常有意義。

溝通能力也可透過高速閱讀法提升

最近沒有兄弟姊妹、很少出門玩、對溝通沒有自信的小孩或大人似乎很多，一聊天就很緊張的人，或是想著、卻總是無法克服這類溝通障礙的人也越來越多。

這種會話能力、簡報能力、商談能力除了是必要的技巧，練習次數的多寡也很重要。當然，增加自我涵養也是非常重要的事。

能回應對方到什麼地步？能為對方提供什麼建議與貢獻？這部分都可利用高速閱讀法與 Output 筆記提升能力。

例如每個人都知道將書中菁華寫成條列式的內容，有助於打開會話的話匣子吧？長此以往，溝通能力當然也會因此提升。

閱讀是孩子成長必須的養分

根據日本文部科學省的調查，越愛閱讀的小學生，在邏輯思考能力、心態、好奇心、同理心這些項目越能得到高分。

日本文部科學省曾於二〇一七年發表「促進兒童閱讀活動調查報告」。該調查是於同年一月至二月進行，分析結果如下（下列資料從報告節錄）：

・閱讀程度與小學生的心態、行動與相關項目的得分呈正相關。

・即使小學生的個人特質、家庭環境不同，看電視與讀書時間也不同，閱讀與心態、行動以及相關項目的得分之間仍具有正相關的關係。若將對象換成國中生或高中生，常閱讀的學生更是能在「邏輯思考能力」這個項目獲得高分。

・過去是否有閱讀習慣，與心態、行動以及相關項目的得分也有相關性。小學就大量閱讀的國中生，或是國中就大量閱讀的高中生，都在「邏輯思考能力」「心態、好奇心」「人際關係」這些面向取得高分。

・對在籍的小學生或國中生進行閱讀分級評比後，也可發現各項目不僅在個人評比出現差異，在以學校爲單位的評比也出現差異。

因此能得出閱讀是兒童成長所需的養分，大量閱讀更是有助兒童順利成長的推論。

當孩子隨著成長越來越會說話，想法也會直接轉換成詞彙。

大家應該都知道人氣電視節目「我家寶貝大冒險」裡的小朋友，常常在遇到危機的時候自言自語吧，這應該就是大腦爲了讓小朋友快點採取行動，而讓這些詞彙在腦海浮現的過程。

由這些電視畫面也可以知道，閱讀絕對有助於孩子的大腦發育。假設你有小孩，請務必讓孩子透過高速閱讀法，了解閱讀的樂趣。

07 大量閱讀可培養直覺與靈感

利用高速閱讀法做出正確的判斷

直覺來自大量的資訊、經驗與失敗。假設大腦能擁有多於別人百倍的資料，當然能擁有正確的直覺。

其實在我們每天的行動之中，有九十九．九%未經過深思熟慮，都只憑藉潛意識的直覺決定。

以西洋棋爲例，花五秒與花三十分鐘想出來的一步，有八十六%是一樣的，這意味著不管想多久，下一步幾乎都不會改變，這就是所謂的「First Chess 理論」。

說到底，判斷是否正確，端看大腦的資料庫有多麼充實。

由此可知，若能大量閱讀，讓大腦得到大量知識，直覺與靈感將油然而生，也能做出正確的判斷。大量閱讀可讓直覺與靈感變得更敏銳，感覺就像是資料庫的規模越來越大。

「思考時間的長度」與「判斷的正確度」不成比例

承上所述，「思考時間的長度」與「判斷的正確度」不成比例。這代表花十秒就能想出來的事，就花十秒思考，因爲想法是否正確，與思考時間的長短無關。

而且時間也是有限的資源，如何以最少的時間換取最大的投資效果，才是我們最該注意的事。

一般的上班族更是需要注意這點，因爲上班通勤、開會或排隊買東西都會占用許多時間，你的自由時間肯定比身爲經營者的我還要少得多，所以才需要讓自己在短時間內發揮最高效能，藉此創造理想的結果。

爲了達到這個目的，必須透過高速閱讀法強化能力與預留時間，並且養成以Output筆記在腦中編輯知識，讓知識轉換成武器的習慣。

不斷抽籤的人終將成功

我個人認爲，成功的人在成功之前會不斷地抽籤，所以能得到比一般人更多的財富與更高的地位。比別人多十倍嘗試的人，中獎機率當然比別人高，這也是每個人都明白的系統。

所以利用高速閱讀法大量增加行動的「時間」與「次數」，就是成功的技巧。每個人可抽的籤有「無限多」，而且跟年紀沒什麼關係。希望大家能牢牢記住這點。

高速閱讀法的最終型態，是讓熱情化為具體行動

標題這句話，指的也就是透過閱讀引導出「你的熱情（喜好）」。

晚年罹患不治之症的史蒂芬．賈伯斯，也曾在那場蔚爲傳說的史丹佛大學畢業典禮演講這麼說：

「你喜歡什麼呢？如果還沒找到興趣，請務必找到爲止，否則你的人生一定會後悔。」

與死神僅有一線之隔的史蒂芬．賈伯斯肯定曾經回顧自己工作狂的一生，所以才有些話想對前途光明的學生說，要他們找到自己喜歡的事，直到找到爲止。

我向大家保證，高速閱讀法可幫助大家找到自己的興趣。

08 有目的與願望才能養成閱讀的習慣

高速閱讀法能讓你聚焦於當下

持續透過高速閱讀法採取「行動」與「學習」，就能學會聚焦當下的能力。學會聚焦於當下的能力，就能全神貫注於眼前的目標，也能學會保持自我、控制情緒的能力。進入這種徹底掌控自我的狀態後，就能擁有絕對的自信。

其實情緒不穩定，通常就是因爲受過去束縛，或過度擔憂未來的情況。這時候最需要的能力就是「聚焦於當下」，幫助你提升意志力。利用高速閱讀法撰寫Output筆記，不啻爲聚焦當下的行爲。

該如何培養閱讀習慣？

應該有不少人覺得，自己無法培養閱讀習慣。也有許多人問我，該如何養成閱讀習慣？我通常會告訴他們「別急著把書拿在手上，先確定自己的目標或願望」。

老實說，要讓有時間、卻沒動力的人透過高速閱讀法大量閱讀，培養將書本化為武器的習慣是件很困難的事。

不閱讀、只聽信網路資訊的人，可以先靠頻繁參加講座，將講座內容化為武器也是一種方法。

每種方法都不一樣，但如果不先確定自己想如何改變人生，很難只憑一句「閱讀有助知性增長」，就讓這樣的人培養出閱讀習慣。

沒時間讀書的人該怎麼辦？

如果是「沒時間讀書，但想養成閱讀習慣」的人，我就能給予建議。

第一步，還是得先決定自己的目的。

到底想在人生的過程中獲得什麼？不顧他人眼光，不需金錢與資訊，希望離世獨居的人是不讀書的對吧？

即使影響力深遠的人對那些在離島生活的人說：「讀了這本書，生活就會改變」，也只會被這些島民嘲笑。所以只有先了解自己的目的、願望以及渴望改變的事，才能培養閱讀習慣。

有沒有最快，最不花錢的方法來了解這些事情？可從「啊，可以閱讀啊」這個想法起步。

攀登名為成長的這座山之際，一開始是最為吃力的，但只要能突破最初的這道關卡，就能陡然成長。

請盡可能提早體驗最初的成長或成功，讓自己從最初的成長曲線感受「啊，我眞是幸運」「我成長了很多」這些經驗，此時會快速分泌腦內腎上腺素，這些經驗也成為堅若磐石的自信。

我很常在居家附近的咖啡廳整理高速閱讀後的行動計畫，然後一個人雙手交叉抱胸，暗自竊笑並心想：

「要是能實踐這點，就能讓自己大幅成長。」

「教了這招，那傢伙一定會變得很厲害。」

這股內心的雀躍全寫在臉上。

想必旁邊的客人覺得我是個怪怪的中年大叔吧。可是這種暗示（在腦科學稱為自我肯定）對於提升持續力與學習意願非常有效果。

沒有閱讀習慣的人，不管多麼努力閱讀，也無法改變自己與他人的眼光。機會與年收入都不會增加，只能陷入一窮二白的惡性循環。

長此以往，繼續閱讀是沒有意思的，而且連繼續下去的價值都沒有，因爲越來越難繼續下去。所以我才會說重點在於「採取行動」，哪怕行動失敗，都還能從失敗學到很多經驗。

當你因爲反覆的嘗試與失敗而覺得自己有所成長，代表高速閱讀法已成爲你的習慣了。

09 學習高速閱讀法，是為了有效提升你的價值

在發明高速閱讀法前，我也得花好幾天讀一本書

雖然我現在已經能輕鬆、毫不勉強地一天讀完一本書，但在發明高速閱讀法之前，我一樣得花好幾天讀一本書。

一如「前言」所述，我本來是個落魄的人，除了考不上第一志願，畢業後也找不到工作。當時的我很單純，只想到透過大量閱讀讓自己成長，只可惜有心大量閱讀，卻遲遲沒有半點進展。

我想這也是理所當然吧，因爲得花好幾天才能讀完一本書，所以桌上堆滿了

待讀的書。最終，堆在我桌上的書絲毫沒有減少的跡象。

如果沒發明高速閱讀法，我會變成什麼樣的人呢……每次想到這裡，總是不自覺地冒冷汗。

在此要對還沒開始練習高速閱讀法，但對高速閱讀法有點興趣的讀者說，如果你有時間猶豫，不如先開始練習高速閱讀法，拿猶豫的時間來閱讀。

高速閱讀法，會讓你對自己的內在產生信心

每個人都是在何時對自己有信心的呢？

在職場得到認同的時候？打敗堅強對手的時候？健康檢查的結果爲「沒有異常」的時候？

不同年齡層的人對這個問題會有不同的答案，但我的發現，「擁有好習慣的人」或「總是懂得控制這些好習慣的人」通常充滿自信。

例如每天上健身房重訓的人、每天閱讀英文報紙的人。這些人的自信不完全

來自地位或收入，只因爲他們覺得自己「保有良好的習慣」，所以能抬頭挺胸地面對自己。

閱讀習慣當然也是良好的習慣。

當你能透過高速閱讀法大量閱讀，姑且不論讀了幾本，你不需要模仿別人苦讀多年，也能更快、更迅速地對自己的內在充滿自信。

順帶一提，像我這種有數十名員工的顧問公司，社長室的牆壁通常就是書櫃，因爲身邊都是書，心裡才充滿自信。

在人生一百年的時代提升自己的價值

現在已是被譽爲人可以活上一百年的時代，那麼，該如何在這個時代盡全力提升自我價值呢？我們已不得不認眞思考這個問題。

爲此，我們必須先掌握提升自我價值的武器。其中之一就是高速閱讀法。只要學會將高速閱讀的所見所聞直接轉化爲行動的方法即可。這種提升自我價值的能力，就是編織美好未來的能力。

我常對員工這麼說：「增加別人偷不走的資產。」這裡說的資產就是你自己，你的技巧與能力沒人偷得走，而這也就是你的價值。

對我來說，書就是生意夥伴

在我眼中，「書」就是生意夥伴，是最親密的好友。

我是說眞的，不是爲了裝酷才這麼說。我的員工與朋友都很清楚，我很少把書借給別人，因爲與自己分享想法的重要夥伴，哪能如此輕鬆地借予他人。所以只要有人問我，有沒有什麼好書值得推薦，我都一定會建議對方「請買下我推薦的書。」

話雖如此，我也不覺得書有什麼特別，說不定只是因爲我把書當成對等的夥伴，所以才能從書中獲得許多。

只為自己的 Output，無法持之以恆

我平常就有這種感覺，所以我從來不看輕任何書。

我總是抱著「只要能從書裡得到一句有用的話就夠了」的想法不斷閱讀。反之，看不起書的人很難透過閱讀有所得，但是把書看得太特別的人，一樣不會有太多收穫。

想要從一本書就獲得所有的人生智慧的話，就很難快速閱讀，所以我覺得把書當成一起分享時間的夥伴比較好。

「感謝書，讓我有所成長，我也能對自己與周遭親友的成長做出貢獻。」我在閱讀時，總是像這樣將手中的書當成一種對周遭親友的報恩。

我總是希望將讀過的內容回饋別人，讓這本書有機會對這個世界做出實質的貢獻，所以才能不斷地閱讀。

如果眞是爲了記住書中內容，或是爲了自己的成長而重視 Output 筆記，絕對

無法透過高速閱讀法持續閱讀。

當你的人生變得更富足，重要的人變得更幸福，你的人生將充滿無上的喜悅。

結語

高速閱讀法的抽象價值

某項腦科學調查指出，「每天將開心的事情寫進日記的人比較長壽」。而美國肯塔基大學在調查聖母院一百八十位相關人士的日記後，發現日記內容傾向樂觀的人，通常都能活到九十歲左右。

更令人驚訝的是，就算寫的是謊言也無所謂。只要不把抱怨或不滿說出口，哪怕是說謊或是把正面積極的鼓勵掛在嘴邊，一樣能活得長久。

換言之，若是Output筆記與形容想法的詞彙都很正面，你的精神將比較穩定，你也會比較健康。

負面的詞彙與行動或奪走你的生命力，讓你寶貴的人生黯然失色。就這層意思來看，高速閱讀法與Output筆記能讓你更加健康。

若行動奠基於智慧，不管到了幾歲，行動力都會不斷湧現。有魅力的人，就是充滿這類能量的人。

而資訊與人材也會往這些人的身邊匯聚，最後便引來錢潮，形成良好的循環。

我之所以能藉由經營與股票投資，在三十五歲之前成爲億萬富翁，也只是利用了上述法則的一小部分，高速閱讀法的抽象價值或許就藏在這些地方吧。

豐富的知識是生存之道

高速閱讀法也能將基礎的知識轉換成武器，因爲豐富的知識可幫助我們對眼前的一切做出正確的判斷。

若只是想快速閱讀與記住內容，高速閱讀法其實一點價值都沒有。

在有生之年運用與實踐這些知識，並且不斷反芻運用過程，不斷累積運用這些知識的經驗，你就能掌握解決問題的能力。

由衷渴望高速閱讀法能讓各位的人生變得更豐富，變得充滿夢想。

國家圖書館出版品預行編目資料

至死不渝的高速閱讀法：把知識化為收入的秘密／上岡正明 作；
許郁文 譯. -- 初版. -- 臺北市：如何，2020.03
192 面；14.8×20.8公分. --（Happy learning；181）
譯自：死ぬほど読めて忘れない高速読書
ISBN 978-986-136-544-2（平裝）
1.速讀 2.讀書法
019.1　　109000423

Eurasian Publishing Group
圓神出版事業機構
用心與你對話．視野無限寬廣
如何出版社
Solutions Publishing

www.booklife.com.tw　　reader@mail.eurasian.com.tw

Happy Learning 181

至死不渝的高速閱讀法：把知識化爲收入的秘密

死ぬほど読めて忘れない高速読書

作　者／上岡正明
譯　者／許郁文
發 行 人／簡志忠
出 版 者／如何出版社有限公司
地　址／台北市南京東路四段50號6樓之1
電　話／（02）2579-6600．2579-8800．2570-3939
傳　真／（02）2579-0338．2577-3220．2570-3636
總 編 輯／陳秋月
主　編／柳怡如
責任編輯／丁予涵
校　對／丁予涵．柳怡如
美術編輯／潘大智
行銷企畫／詹怡慧．曾宜婷
印務統籌／劉鳳剛．高榮祥
監　印／高榮祥
排　版／陳采淇
經 銷 商／叩應股份有限公司
郵撥帳號／18707239
法律顧問／圓神出版事業機構法律顧問　蕭雄淋律師
印　刷／祥峰印刷廠
2020年3月　初版

定價 310 元　　ISBN 978-986-136-544-2

CHEMISTRY
ALGEBRA
HISTORY